［あじあブックス］
040

四字熟語歴史漫筆

川越泰博

大修館書店

主よ！　無益なる事物に対しては
我等の眼を霞《かす》ましめ、汝の凡ゆる
真理に関しては我等の眼を隈《くま》なく
澄《す》ませ給え。

（キェルケゴール著、斉藤信治訳『死に至る病』より）

露往霜来《ろおうそうらい》——まえがき

これは、中国西晋《せいしん》時代の人である左思《さし》の「三都賦《さんとふ》」のなかの呉都賦《ごとふ》の一節、「露往《つゆゆ》き霜来《しもきた》り、日月《じつげつ》其《そ》れ除《じょ》す」に由来する。

露が降りる秋が過ぎ、霜が降りる冬がやって来て、月日は瞬《また》く間に去って行く、という意味である。

「光陰如箭《こういんやのごとし》」、「光陰流転《こういんるてん》」、「兎走烏飛《とそううひ》」、「烏兎怱々《うとそうそう》」は、これの類語である。

イギリス一七世紀の詩人ロバート・ヘリックの作品にもある。

愉楽《ゆらく》のすすめ

老年なんかまだ遠く
僕ら血気盛んなとき
大いに時間をつぶさうや。
僕らがそれを知らぬまに
すばやく近づく忍び足、
老いといふ名のろくでなし。

（森亮訳詩集『晩国仙果』巻三、小沢書店、一九九一年）

まさに人生は、「露往き霜来る」のように素早く日子《にっし》を費消するようになっているのである。今はどんなにはちきれんばかりの若さに恵まれていても、いずれ近い将来、「老いといふ名のろくでなし」は例外なく確実にやってくるのである。

私もまた、中国史研究に取り組んでから、はや三〇年、「日月逾邁《じつげつゆまい》」の譬《たと》えのごとく、瞬く間に時が過ぎてしまった。その間に得たささやかな知見、それは、文字通り「管窺蠡測《かんきれいそく》」なものでしかないけれども、本書は、それらを四字熟語にことよせて、関連する史実やエピソード、ならびにその四字熟語から私自身が連想することどもをないまぜにして、長短随意に書き記したものである。このような類いのものは、一体何と言えばよいのであろうか。「歴史エッセイ」と名付けるとすれば、ややしょっているであろうか。

見出しには、主に難読・難解な四字熟語を据えた。それは、よく知られているものよりも、新鮮であるし、それに加えて、着想が得やすく、かつイメージが様々に膨らみやすかったという事情にもよる。

それらを枕詞《まくらことば》代わりにして自由気ままに管見《かんけん》を述べたものであるので、もとより読者諸賢に、「含英咀華《がんえいしょか》」（花びらを口に含み花をかみしめ、美しく香り高いものを味わうという意味から、優れた文章を味わうことを指す）を提供するものではないけれども、閑暇に多少なりとも役立てれば、幸いこれにすぐるものはない。

目次

露《ろ》往《おう》霜《そう》来《らい》——まえがき　iii

1　已《い》己《こ》巳《み》己《こ》——『康熙字典』・徳富蘆花・戊戌政変　1

2　改《かい》弦《げん》易《えき》轍《てつ》——「一世一元」・『皇室典範』・永楽という年号の謎　7

3　几《き》案《あん》之《の》才《さい》——人気名文家楊士奇・『金瓶梅』・破格のギャラ　17

4　鬼《き》哭《こく》啾《しゅう》啾《しゅう》——「千と千尋の神隠し」・『ビルマの竪琴』・松本清張　26

5　奇《き》骨《こつ》貫《かん》頂《ちょう》——明太祖・『三国志演義』・胡惟庸の獄　32

6　乞《きっ》師《し》乞《きっ》資《し》——徳川幕府・国姓爺・『華夷変態』　51

7　局《きょく》促《そく》不《ふ》安《あん》——即位詔・方孝孺・楼璉　58

8　傾《けい》城《せい》傾《けい》国《こく》——西施・楊貴妃・花魁　70

9　黄《こう》衣《い》廩《りん》食《しょく》——琉球閹人・「ラスト・エンペラー」・鄭和　78

10　光《こう》禄《ろく》池《ち》台《だい》——紫禁城・火災・西洋医学　89

11　紫《し》髯《ぜん》緑《りょく》眼《がん》——「胡笳歌」・天山南路・ジハーンギール　100

12　支《し》葉《よう》碩《せき》茂《も》——上杉鷹山・秋月鶴山・勅使接待ごちそう役　106

13　笑《しょう》比《ひ》河《か》清《せい》——黄河・包公・『大岡政談』　115

14 人口膾炙《じんこうかいしゃ》——北条時宗・クビライ・元寇軍船の規模 120
15 旌旗巻舒《せいきけんじょ》——貞節烈節・文禄慶長の役・ヌルハチ 126
16 双宿双飛《そうしゅくそうひ》——「捨て身の提督」・「百年の孤独」・上杉鷹山の正室と側室 133
17 南橘北枳《なんきつほくき》——淮水・元大関小錦・三峡ダム 139
18 南蛮鴃舌《なんばんげきぜつ》——『孟子』・「白浪五人男」・『吾輩は猫である』 158
19 白衣三公《はくいのさんこう》——陶弘景・渋沢栄一・王陽明 166
20 麦曲之英《ばくきょくのえい》——蘇東坡・「酒は百毒の長」・宋太宗 176
21 巫山雲雨《ふざんうんう》——『文選』・「昭和維新の歌」・柳沢吉保 187
22 薏苡明珠《よくいめいしゅ》——ハトムギ・馬援・漢方 191
23 龍顔天表《りゅうがんてんぴょう》——中国の「南北戦争」・劉邦と李世民・占卜者たち 194
24 麟鳳亀龍《りんぽうきりゅう》——玄武門・重陽節・崇禎帝の自死 201
腹中之書《ふくちゅうのしょ》——あとがき 207
人名索引 213
四字熟語引用索引 216

1 已己巳己《いこみこ》 ——『康熙字典《こうきじてん》』・徳冨蘆花《とくとみろか》・戊戌政変《ぼじゅつのせいへん》

ただ似た文字を配列したにすぎない四字熟語がある。「已己巳己《いこみこ》」は、その典型であろう。これでも、立派な四字熟語であることにはかわりない。ものごとを比喩的《ひゆてき》に、しかも含蓄《がんちく》ある比喩として、わずか四字の文字で表しうる四字熟語は、中国数千年の悠久《ゆうきゅう》たる歴史から生まれた故事・成句や仏典・仏教語に基づくものが圧倒的に多いが、例外もないわけではない。「已己巳己《いこみこ》」は、その例外中の例外なのである。

この四字熟語は、似た文字を並べてあるところがみそだ。已と己と巳の三文字の字形が似ていることから、相互に似ているものの譬《たと》えに使われる。

ところで、一体、漢字の字数は、どのくらいあるのであろうか。

清の康熙帝《こうきてい》の命によって、張玉書《ちょうぎょくしょ》・陳廷敬《ちんていけい》らが編集し、康熙五五年（一七一六）に完成した字書、すなわち『康熙字典《こうきじてん》』は、所収字数四万九千余りである。これだけあれば、紛《まぎ》らわしくはなはだ似かよった文字が、おびただしく存在する。

とすれば、容易に書き間違えが生じる。あるいは間違えたまま覚え、あるいは刷《す》り込まれる。人から指摘されるまで、間違っていることさえ、知らなかったという経験の一つ二つは、誰しもあることであろう。

陝西―陜西、新疆―新彊、楊貴妃―揚貴妃、「画龍点睛」―「画龍点晴」、鍾山―鐘山、匈奴単于―匈奴単干、宋代―宗代、対馬宗氏―対馬宋氏、「怏怏不楽」―「快快不楽」、刺史―剌史、而已―而己、徳冨蘆花―徳富蘆花、徳富蘇峰―徳冨蘇峰

これらは、職業柄よく目にする書き誤りの、ほんの一例だ。無論、上段が正しい。尤《もっと》も、私が使っているワープロは、「とくとみろか」一発で変換できるけれども、徳富蘆花としかでてこない。兄弟仲がはなはだ悪く、蘆花の方が姓の区別をしていたことを認識していないようだ。正確に言えば、ソフトを作った人が、そのような事情を知らなかったということであろう。

ところで、おそば屋さんには、なぜか辰巳《たつみ》庵《あん》という名前のお店が多い。ただ、看板に正しく書けているケースは少ない。辰已庵、辰己庵のオンパレードだ。

已己巳と同様に戊戌戍戌も、ほとんど混乱状態にある。「戊戌《ぼじゅつの》政変《せいへん》」を「戊戌政変」「戊戌政変」と書いて平気な学生が、結構いる。むしろ、正確に書くことのできる学生の方が珍しい。

「戊戌」は、清《しん》の光緒《こうしょ》二四年（一八九八）の干支である。この年、徳宗《とくそう》は、鋭意変法《へんぽう》を画策して、康有為《こうゆうい》等新学の士を召し、守旧的な大臣を馘首《かくしゅ》したが、西太后《せいたいごう》の避忌《ひき》に触れて、瀛台《えいだい》に幽閉せられ、康有為の弟広仁《こうじん》・譚嗣同《たんしどう》・劉予第《りゅうよだい》・楊深秀《ようしんしゅう》・楊鋭《ようえい》・林旭《りんきょく》等は殺され、康有為は海外に逃れ、

西太后が再び垂簾《すいれん》政治を行うようになった。中国近代史上、著名なこの政変を云うのである。「戊戌政変」にしてそうであるのだから、四字相似の戊戉戌戍と已己巳との組み合わせた熟語になると、大変悲惨なことになる。

「戊己校尉《ぼきこうい》」という官名があった。漢代の元帝《げんてい》のとき、西域《さいいき》諸国を撫する職として設置された。なぜ西域に駐屯する武官に戊己校尉と名付けられたかというと、五行説《ごぎょうせつ》によれば、戊己は中央であるという。その故に、中央より四方を鎮圧する意味を含ませているのである。ちなみに、中国域外の地域を掌《つかさど》るものとして、戊己校尉の他には、護烏桓校尉《ごうがんこうい》（烏は鳥ではない。烏桓胡《うがんこ》をつかさどる）、護羌校尉《ごきょうこうい》（西羌《せいきょう》をつかさどる）があった。

この戊己校尉ほど、書き誤りや誤植の際に、多くのパターンを生み出す文字はないであろう。なにせ戊戉戌戍と已己巳の組合わせによって、正解も含めて一二通りもできてしまうからである。

このように文字の造形が似ているために書き誤ることを意味する四字熟語は、沢山ある。「魯魚《ろぎょ》之謬《のあやまり》」、「魯魚章草《ろぎょしょうそう》」、「魯魚亥豕《ろぎょがいし》」、「魯魚帝虎《ろぎょていこ》」、「魯魚陶陰《ろぎょとういん》」、「焉馬之誤《えんばのあやまり》」、「烏焉魯魚《うえんろぎょ》」、「烏焉成馬《うえんせいば》」は、魯と魚、章と草、亥と豕、帝と虎、陶と陰、焉と馬、烏と焉、成と馬が、それぞれ字形が似ていて書き誤りやすいことを云っている。

また、「三豕渡河《さんしとか》」、「三豕己亥《さんしきがい》」という四字熟語もある。これは、文字の誤りのみならず、伝聞の誤りをも含めて、それらの誤りの譬えに使う。

「三豕渡河」は、「三豕、河を渡る」と訓読する。三豕とは三匹のいのこ、豚のこと。孔子の弟子で、博学で経典に精通し、子游《しゆう》とともに並び称せられた周《しゅう》代衛《えい》の人、子夏《しか》が、晋《しん》へ行く途中に、衛の国を通りかかったとき、史書を読んでいる人がいた。その人が、「晋の軍隊が、三豕《さんし》と河を渡る」と言った。それを聞いて、子夏は、「三は己の字に、豕は亥の字に似ているから、三豕は己亥《きがい》の誤りでしょう」と言った。晋に着いて、子夏がそのことを尋ねてみると、「晋の軍隊は己亥の年に河を渡った」ということであったという、『呂氏春秋《りょししゅんじゅう》』に載っている故事から、文字・伝聞の誤りの譬えとなった。

漢字は、このように字形の似ているものが多いから、書き誤りやすいものだ、と最初から思っていた方が、「魯魚之謬《ろぎょのあやまり》」をより少なくすることができるかもしれない。「魯魚之謬」のような誤りが起きたら、大変面倒な事態になるので、不動産の売買契約書や小切手などは、1・2・3のような算用数字は使わないのである。これは同時に、数字の改竄《かいざん》という犯罪をも防ぐことになり、まさに「一石二鳥《いっせきにちょう》」・「一挙双擒《いっきょそうきん》」のアイデアなのである。

中国では、古くから官文書や証書類においては、一～一〇・一〇〇・一〇〇〇の数字に対して、壱・貳・参・肆・伍・陸・漆・捌・玖・拾・佰・阡を使った。六に陸を当てるのは、「りく」が漢音であるからである。呉音は、勿論「ろく」であるが、これは仏教関係に使われる。たとえば、六味は、「りくみ」と読むと、苦《く》・酸《さん》・甘《かん》・辛《しん》・鹹《かん》・淡《たん》の六つの味をさし、「ろくみ」と読むと、仏語の乳《にゅう》・酪《らく》・生酥《せいそ》・熱酥《ねっそ》・醍醐《だいご》・淡《だん》を言うのである。

このように、かなり截然《せつぜん》と読み方が区別されている。

したがって、建業《けんぎょう》（今の南京《ナンキン》）に都した呉《ご》・東晋《とうしん》・宋《そう》・斉《せい》・梁《りょう》・陳《ちん》の六朝は、「りくちょう」と読むべきであり、善果報《ぜんかほう》を得るための六つの修業のことである仏語の六波羅蜜は、「ろくはらみつ」と読むのが正しいのである。

ついでに言うと、陸は中国では大層好まれる文字である。十を六で割ると、小数点がずっと続き、永久に生きて終わらないからである。

さて、漢字には字形の相似したものが多く、それによって、書き誤りやすいということになれば、書き誤らないためには、どうすれば良いだろうか。それは書いて覚えるのではなく、目で覚えるのが、最も良い方法ではなかろうか。ただただ、じっと見つめるのである。そうすれば、例えば、「快快にして楽しまず」なのか、「快快にして楽しまず」なのか、この文言中の漢字の相違も自ずと分かって来て、長く脳裏に刻むことができるであろう。

じっと見つめるという方法は、作家の庄野潤三《しょうのじゅんぞう》も、その回想録『文学交友録』に書いている。それは、氏の中学時代のことである。国語をならった恩師伊東静雄《いとうしずお》（詩人としても有名）から、新しく出た漢字を生徒が覚えるとき、「書いて早く覚えようとするな。ただ、いつまでも、じっーとその字を見ておれ」と云われたそうだ。

2 改弦易轍《かいげんえきてつ》――「一世一元《いっせいいちげん》」・『皇室典範《こうしつてんぱん》』・永楽《えいらく》という年号の謎

「一世一元」の制は慣習から

唐《とう》の玄宗《げんそう》のことを、その年号に依拠して、開元帝《かいげんてい》とか天宝帝《てんぽうてい》とか、あるいはまた宋《そう》の太祖《たいそ》のことを、建隆帝《けんりゅうてい》とか乾徳帝《けんとくてい》というような呼び方はしない。

皇帝の廟号《びょうごう》と年号とを連接して、清《しん》の聖祖《せいそ》のことを康熙帝《こうきてい》、もしくは聖祖康熙帝というような連結した呼び方をするようになったのは、明《みん》の太祖洪武帝《たいそこうぶてい》からである。

これは、漢代武帝《かんだいぶてい》のときに最初に年号が使用されるようになって以来の年号の歴史において、きわめて画期的なことであった。明代以降の年号の建て方は、いわゆる「一世一元《いっせいいちげん》」の制にもとづくものであるが、これは、結果として、そのようになっただけであって、特段太祖洪武帝が命令を出して決定したものではなさそうである。結果としてというのは、太祖は洪武という年号をただ一つ使用したので、つぎの建文帝《けんぶんてい》も、それに倣《なら》って一つの年号だけを、つぎの成祖《せいそ》も永楽《えいらく》という年号だけを全治世で使用した。

このように、最初から、それぞれの皇帝の御代《みよ》で使用された年号は、一つだけであったので、自然と「一世一元」の制になってしまったと見るのが、無理のないところのようである。管見《かんけん》の範囲で言えば、太祖洪武帝が、「一世一元」の制に則するように、と指示を出した文言をこれまで見たことがない。したがって、成文法に基づくものというよりは、むしろ慣習に依拠したと見た方が良いと思われるのである。

われわれは、何気なく「一世一元」という文言を使用しているが、この文言自体が漢語ではないのではないかと疑われるのである。

ちなみに、『大漢和辞典』（大修館書店）では、「一世一元」の事例として、日本の『皇室典範《こうしつてんぱん》』に、

践祚《せんそ》ノ後元号ヲ建テ、一世ノ間ニ再ビ改メサルコト明治元年ノ定制ニ従フ。

とあるを挙げるのみである。中国の史料にあるのは、「一帝一元《いっていいちげん》」という語である。例えば、明《みん》の鄭暁《ていぎょう》の『今言《きんげん》』巻一に、

一帝一元は、実は洪武より始まる。

とある。

このように、明清時代の皇帝は、結果として「一世一元」・「一帝一元」であったから、その年号でもって、皇帝の名を呼ぶことができ、明の神宗《しんそう》を万暦帝《ばんれきてい》とか、清《しん》の高宗《こうそう》を乾隆帝《けんりゅうてい》と呼称することは、ごく一般的なことになった。ただし、例外が一つある。それは、明の英宗《えいそう》である。この英宗

は、正統《せいとう》一四年（一四四九）八月一五日、土木堡《どぼくほ》において、エセンの率いるオイラート軍に敗れ、その捕虜となった。ちょうど一年間モンゴルで捕囚のときをすごし、ようやく帰国すると、今度は南宮《なんぐう》に軟禁されてしまったが、その後、奪門《だつもん》の変《へん》で奇跡的にもう一度皇帝の座についたので、正統と天順《てんじゅん》という二つの年号をもつことになった。これが唯一の例外である。

オリジナルな明の年号

さて、今まで年号のことを述べてきたが、このように法律や制度を改めること、または方法・計画・方向などを変更することを、「改弦易轍《かいげんえきてつ》」というのである。「改弦」の弦は、弦楽器の弦のことであるから、「改弦」とは弦楽器の弦を張り替えて、その調子を改めること。「易轍」の轍は、車のわだち、したがって、「易轍」は車の進む道をかえることの意味になり、ここから法律や制度を改めることを云うようになったのである。

年号に関していえば、このような「改弦易轍」の結果、洪武以後の各年号は、当該皇帝の治世の全存在を物語る指標となったのであった。したがって、洪武以前と以後とでは、同じ年号と言っても、その存在感の重さが異なるということができるであろう。

その年号が決定し、使用を始めたあとは、改元できないのであれば、いかなる新皇帝も、その年号決定には慎重にならざるをえなかった。

明代に使用された年号は、

洪武・建文・永楽・洪熙・宣徳・正統・景泰《けいたい》・天順・成化《せいか》・弘治《こうち》・正徳《せいとく》・嘉靖《かせい》・隆慶《りゅうけい》・万暦・泰昌《たいしょう》・天啓《てんけい》・崇禎《すうてい》

の一七である。中国史上、歴代皇帝、農民起義、地方に割拠《かっきょ》した政権、少数民族政権の年号は、おおよそ八〇〇余りあるが、これらと比較してみると、傍線を付した明代の年号は、それ以前に一度も使用されたことのないものであった。つまり、これらの年号は、中国史上初めて新規に使用された、いわばオリジナルなものなのである。

ところが、傍線を付していない永楽《えいらく》・天順《てんじゅん》・正徳《せいとく》・天啓《てんけい》の四つの年号は、既にしばしば使用されて、いうなれば手垢のついた年号というべきものである。天順・正徳・天啓の使用例をみると、つぎの通りである。

天順	金《きん》	楊安兒《ようあんじ》	一二一四年五月—一二月
	元《げん》	天順帝《てんじゅんてい》	一三二八年九月
正徳	唐《とう》	李珍《りちん》	七六一年四月
	大理《だいり》	段思廉《だんしれん》	?—?
	西夏《せいか》	崇宗《すうそう》	一一二七年四月—一一三四年
天啓	北魏《ほくぎ》	元法僧《げんほうそう》	五二五年正月—三月

梁《りょう》　永嘉王《えいかおう》　五五八年三月—五六〇年二月
南詔《なんしょう》　勧豊祐《かんほうゆう》　？—八五九年
元《げん》　徐寿輝《じょじゅき》　一三五八年八月—一三五九年三月

永楽という年号の謎

さて、永楽という年号に関して言えば、実は北宋末期に反乱を起こした方臘《ほうろう》の使用した年号と同じものなのである。『続資治通鑑長編《ぞくしじつがんちょうへん》』宋徽宗宣和《きそうせんな》二年の条に、

十一月戊戌《ぼじゅつ》、方臘《ほうろう》自ら聖公と号す。永楽《えいらく》と建元し、其《そ》の月を以って正月と為《な》す。

とあり、方臘の建てた年号が永楽であったことが知られる。西暦で言うと、一一二〇年一一月から一一二一年四月まで使用された。

永楽という年号の、靖難《せいなん》の役《えき》終息後に使用された永楽に先行して使用された事例は、この方臘の場合だけかというと、決してそうではなく、方臘に先んじてすでに五代《ごだい》時代にも広東《カントン》で反乱を起こした農民起義の領袖であった張遇賢《ちょうぐうけん》が、九四二年七月から九四三年一〇月までの間使用していたことがある。

ところで、靖難の役の最後の局面を簡単に述べると、燕王《えんおう》とその麾下《きか》の軍勢は、建文《けんぶん》四年（一四〇二）六月癸丑《きちゅう》（一日）、浦子口《ほしこう》に至り、建文軍の大将軍である盛庸《せいよう》の軍勢を破ると、乙卯《いつぼう》（三日）

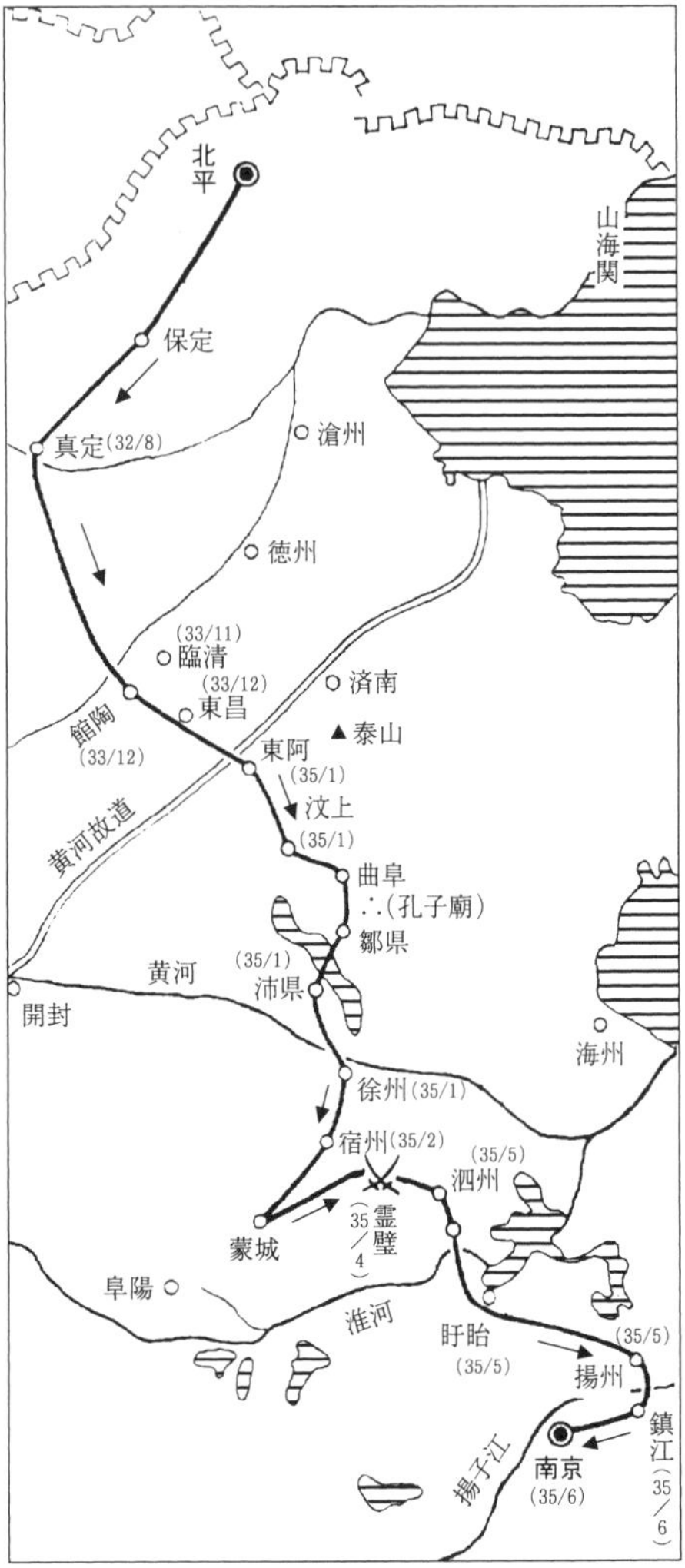

※括弧内数字は洪武○年○月であることを示す

燕王進軍図

には渡江《とこう》を決行し、庚申《こうしん》（八日）には龍潭《りゅうたん》に到着した。そして、乙丑《いっちゅう》（一三日）金川門《きんせんもん》まで至ると、建文政権側の谷王《こくおう》と李景隆《りけいりゅう》は、早速開門し、燕王軍を迎え入れたのであった。

建文政権の瓦解、永楽政権の成立という時局の大激変を迎えた、この六月一三日における、建文諸臣の行動様式は、一様ではなく、いち早く燕王に投降帰付して新政権において枢要《すうよう》の官職についたもの、奸臣榜《かんしんぼう》に名が連ねられて逮捕・処刑されたもの、遁走《とんそう》あるいは自尽《じじん》したものなどに分かれたが、いち早く迎降《げいこう》した面々は、今度は一転して燕王に即位を勧進《かんしん》する主体となって動き始め、翌日丙寅《へいいん》（一四日）・丁卯《ていぼう》（一五日）・戊辰《ぼしん》（一六日）と三日連続して、勧進の表《ひょう》を奉《たてまつ》ったのである。燕王は、こうした勧進に対して、形式通りに再三断るが、三回目の勧進が終わると、翌日己巳《きし》（一七日）には孝陵《こうりょう》の参謁《さんえつ》を済ませ、万歳《ばんざい》の歓呼の嵐の中、奉天《ほうてん》殿《でん》に進み、ここで皇帝位に即《つ》いたのであった。

明太宗（朱棣）像（『三才図会』より）

ここにおいて、これまでのような燕王《えんおう》としての令旨《れいし》ではなく、皇帝として初めて詔《みことのり》を発布した。皇帝として初めて発布した詔は、当然皇帝の位に即いたことを内外に宣言するための即位詔《そくいのみことのり》であった。これは、洪武《こうぶ》三五年（建文四年（一四〇二）七月一日に発布された。
　この即位詔において初めて、踰年改元法《ゆねんかいげんほう》によって、明けて正月から改元使用する年号は、「永楽《えいらく》」であることを中国の内外に宣言した。したがって、当然来年からは「永楽」に改元されることは、周知のことであり、この年の十一月には、戸部尚書《こぶしょうしょ》夏原吉《かげんきつ》が、そのような改元予定に関連させて、

宝鈔提挙司《ほうしょうていきょし》の鈔板《しょうばん》は、歳久しくして篆文《てんぶん》銷乏《しょうぼう》す。且《か》つ皆な洪武の年号あり。明年は永楽と改元せん。宜《よろ》しく併せてこれを更《か》うべし、と。

と上言したのは、年号の重みを勘案《かんあん》してのことであった。
洪武の年号は、宝鈔の券面《けんめん》に楷書《かいしょ》で、

戸部
奏准印造
大明宝鈔与銅銭通行
使用偽造者斬告捕
者賞銀貳伯伍拾両
仍給犯人財産
洪武　年　月　日

と刷ってある部分にみえるが、これを改元されるに当たって、永楽に改めようと請願したのであっ

た。

永楽帝は、これに対して、

板《はん》、歳久しくして、当《まさ》に易《か》うべくんば、則《すなわ》ち易えよ。必ずしも洪《こう》武《ぶ》を改めて永楽となさず。蓋《けだ》し、朕《ちん》の遵《じゅん》用《よう》するところは、皆な太祖の成憲にして、永く洪武を用いると雖《いえど》も可なり。

と答えて、版《はん》木《ぎ》も長い間使用すれば、摩《ま》滅《めつ》は必《ひつ》定《じょう》なので、版木の交換は許可したが、宝《ほう》鈔《しょう》の年号を改めることについては、許可しなかった。

これは、靖《せい》難《なん》の役《えき》勝利によって皇帝になった永楽帝が、太祖洪武帝の制憲を順守し、継承するというスタンスを取り、宝鈔の年号に関しては、従来通り、洪武という年号を使うことにした。

しかしながら、それは、極めて例外的なことであって、本来ならば、戸部尚書夏原吉の奏《そう》請《せい》のように、永楽時代に発行された宝鈔ならば、その年号を使うべきであったが、そのようにしなかったのは、永楽帝即位にかかわる特殊な事情に起因するというべきであろう。

永楽帝は、皇帝の座を建文帝から簒《さん》奪《だつ》したといわれることを最も嫌ったが、それならばなおさらのこと、どうしてよりによって、方《ほう》臘《ろう》や張《ちょう》遇《ぐう》賢《けん》が使った僭《せん》偽《ぎ》年号といわれる年号と同じものを採用したのであろうか。

明代史上の著名な史家である焦《しょう》竑《こう》は、『焦《しょう》氏《し》筆《ひつ》乗《じょう》』巻六、紀年において、

永楽の若《ごと》きは、乃《すなわ》ち宋の時の方臘、及び南《なん》唐《とう》の賊張遇賢の僭する所の年号にして、正《せい》徳《とく》も亦《ま》た

西夏《せいか》の僭国年号なり。当時の廷臣、こもごも一人も記憶なきは、何ぞや。

と述べ、廷臣の誰一人として、先行するかかる僭偽年号を知らなかったのかと、疑問を呈している。

靖難の役終息後における永楽という年号の採用決定は、一つの謎である。

3 几《き》案《あん》之《の》才《さい》——人気名文家楊士奇《ようしき》・『金瓶梅《きんぺいばい》』・破格のギャラ

多岐に亘る「案」の意味

「几案之才《きあんのさい》」とは、文章を巧みに作る才能、またはその人のことである。几は机とも書く。案も机のこと。几案と熟しても案几と熟しても、いずれも「つくえ」のことをいう。

手紙で、誰々様の横の脇付《わきづけ》に用いる案下、もしくは机下の語は、敬語であり、直接その人にお渡しせず、まずは机の下までさしあげるという意味である。

常々思うことではあるが、漢字は、やさしければやさしいほど多義にわたる意味を持っているものである。

案に関して言えば、「挙案斉眉《きょあんせいび》」という四字熟語がある。「案を挙げるに眉に斉《ひと》しくす」と訓読する。眉の高さまで挙げるものとは何か、それは膳《ぜん》である。ここで使われている案とは、膳のことなのである。膳を眉の高さまで挙げて、両手でうやうやしく捧げ持つという意味で、妻が夫に礼儀を尽くし尊ぶこと、または夫婦が互いに礼儀を尽くして尊敬して仲が良い事の譬《たと》えに使われる。

後漢《ごかん》の梁鴻《りょうこう》の妻が、夫に食事をすすめるとき、決して夫の顔をまともに見ず、膳を眉の高さまで挙げて敬《うやま》いすすめた故事（『後漢書』梁鴻伝）から、この四字熟語は生まれた。

中国明《みん》の泰昌《たいしょう》元年（一六二〇）に起きた紅丸《こうがん》の案《あん》は、明廷を大いに揺さぶった。神宗万暦帝《しんそうばんれきてい》が亡くなり、皇太子が即位して光宗泰昌帝《こうそうたいしょうてい》となるが、わずか一カ月で急死した。光宗は生来病弱で、即位してまもなく病気にかかった。側近がすすめた紅の丸薬を飲んだところ、すぐに死亡したので、毒殺されたのではないかという疑惑が生じ、てんやわんやの大騒ぎになった。この事件を紅丸の案というのである。案は事件のことである。ついでながら、紅丸の成分は、処女の月経血と水銀であり、それをまぶして丸薬を作った。

案件《あんけん》という語があるが、これは官署で取り扱う事件のことである。案検《あんけん》・案験《あんけん》・案察《あんさつ》は証拠だてて調べること。案巻《あんけん》は事件の記録、調書。案結《あんけつ》は事件の終結となる。この他、案には、公文書《こうぶんしょ》のことを意味する用法もあるなど、多岐《たき》に亘る。

さて、脇道にそれたが、中国の、とくに前近代の極めて識字率《しきじりつ》の低かった時代においては、漢字が読めて書けることは、それだけでエリートであり、一種の特権階級であった。

現在でも、漢字しかない中国では、一〇〇や二〇〇程度の漢字を知っていただけでは、文章が書けたり読めたりはできないのである。したがって、中国の小学校では、無理やり沢山の漢字を覚えさせる。日本は、漢字が読めなくても書けなくても、ひらがなとカタカナがあるので、何とかなる。しかし、それでは多様な表現能力を身につけることはできない。日本では、こと漢字教育に関しては、易きに流れており、ますます識字率を下げていっているのである。

だから、というと語弊《ごへい》があるかもしれないが、本が売れないのである。漢字が少なく、内容や文章が、芸能週刊誌、あるいはスポーツ新聞と同程度の書籍ならば、時々爆発的（暴発的と言うべきか）に売れることもある。しかし、内容の堅いものの売れ行きが、軒並みにぶくなっているのは、紛《まぎ》れも無い事実である。小学校・中学校における漢字教育のレベルダウンは、今日出版界に莫大《ばくだい》な損失を与えているのである。

科挙官僚たちのアルバイト

前近代の中国における科挙《かきょ》の試験は、エリートの中から、さらに超エリートを選抜するようなものであった。三年ごとに行われる科挙の試験に合格して、「進士《しんし》」の称号を得るものは、そのときによって変動があるが、せいぜい一〇〇人から二〇〇人程度であった。人口比からいえば、まさに超エリートの創出のための試験であったのである。そのような超難関の試験を突破するためには、勿論幼いときから、猛烈な受験勉強に励むのであるが、合格すれば、いろいろな名誉と特典に浴することができた。

試験の成績がよければ、在京官《ざいけいかん》として、悪ければ、地方官として、その第一歩を踏み出す。これを起官《きかん》という。どんな清廉潔白な官僚でも、三年地方官を務めれば、十年分の銀が貯まったと云われる。「三年清官《せいかん》、十年雪花銀《せっかぎん》」という言葉は、そのことを指している。

超エリートの科挙官僚が残した文集には、例外なく序《じょ》や銘《めい》という名の文章が収録されている。序は、他人の著書の前付けである。銘は、石碑や鐘に彫り付けた文章である。例えば、墓誌銘《ぼしめい》・墓碑《ぼひ》銘《めい》の類いである。墓誌銘の墓誌は、死者の事績や徳行《とっこう》などを後世に伝えるために金石《きんせき》に書いて墓の中に埋めるもので、銘は終わりに付する韻文である。墓碑銘は、死者の功業を墓碑に記した墓碑文とその終わりに韻文《いんぶん》を付したものが一つになったのをいう。この他、文集には、行状《ぎょうじょう》や墓表《ぼひょう》なども収録されている。これらは、いうなれば、科挙官僚《かきょかんりょう》たちのアルバイトで出来たものであった。

死者を顕彰《けんしょう》し、かつ弔《とむら》うための墓誌銘・墓碑銘は、名も知れないような人よりも、高名な人に書いて貰った方が、何倍もの箔付《はくづ》けになる。それは、現代の追悼文《ついとうぶん》にも通じる。

政治家のそれぞれの文集において、大量に他人の墓誌銘・墓碑銘が収録されていれば、その文集の著者は、生前かなり名文家としても人気を博していたとみて誤りない。いろいろな方面から、いろいろな伝《つて》で依頼されて書いた所産なのである。明代の永楽《えいらく》・洪熙《こうき》・宣徳《せんとく》・正統《せいとう》の四朝で重臣として官界に重きをなした楊士奇《ようしき》の文集『東里文集《とうりぶんしゅう》』には、夥しい墓誌銘・墓碑銘が収録されている。当時、楊士奇が大変人気があり、墓誌銘・墓碑銘執筆の依頼が殺到し、それをこなしたということがわかる。それを脇からみていた同僚の楊栄《ようえい》が（楊溥《ようふ》を含めて、彼らは三楊《さんよう》と呼ばれていた）、楊士奇はすぐに安請け合いして墓誌銘・墓碑銘を書くが、自分は墓誌銘・墓碑銘の対象になっている人物をちゃんと吟味してから引き受けるのだ、と云っている。しかし、これは、楊栄の負け惜しみであろう。

無論、依頼する方、つまりその遺族は、金品でお礼をする。依頼される方も、無報酬で書いているわけではない。だから、依頼する方は、書いて貰って効果のある人に集中するのである。当然、売れっ子とそうでない人との差が生じる。楊士奇の場合、楊栄がやっかむほど、当代一流の書き手として人気が絶大であったということであろう。

そのような訳であるから、「几案之才《きあんのさい》」の人にとっては、本俸以外の稼ぎは、結構な副収入となったのであった。

楊士奇像（『三才図会』より）

王行のギャラ

それでは、その謝礼は、一体どんなものであったのであろうか。

蘇州府《そしゅうふ》呉県《ごけん》の出身で、諱《いみな》は行《こう》、字《あざな》は止仲《しちゅう》、号《ごう》は半《はん》軒《けん》、または淡如居士《たんじょこじ》、あるいは楮園《ちょえん》とも号した王行《おうこう》は、元末明初期の人であった。科挙には合格していないが、その名声によって、江南の大富豪と呼ばれた沈万三《しんまんさん》に招聘された。そして、沈万三の家では、王行の文章が出来るごとに白金（銀）を一鎰《いつ》、すなわち二〇両与えたという。

洪武年間の平均米価は、一石（おおよそ二七㌔）で銀四銭六分であった。一〇銭が一両であるから、二〇両で一一七三㌔の米が買える。現在、日本の米価は、銘柄によってかなりの幅があるが、大体一〇㌔五〇〇〇円だとすると、一㌔五〇〇円、一一七三㌔は、五八万六五〇〇円程度となる。

とすれば、例えば、王行が沈《しん》家のために書いた「沈茂卿墓誌銘《しんもけいぼしめい》」を例に取ると、二二行×一五字で三三〇字よりなるから、一文字で一七七七円見当だ。四〇〇字詰め一枚にもならないわずかな字数で、五八万円。嗚呼《ああ》なんという破格のギャラであろう。生涯に一度は、そんな原稿料を貰いたいものだ。

このように破格な厚遇ができたのは、沈万三家が、国富にも匹敵するといわれる財力を有していたからである。沈万三は、大富豪として、後代になっても大変著名であった。

そのことを端的に示すのは、『金瓶梅《きんぺいばい》』である。同書第三三回に、

まだごまかしてるわ。南京の沈万三は人の名前、北京の枯柳樹は木の影にきまってるじゃないの。

同じく、第七二回に、

> 南京の沈万三は人の名前、北京の枯柳樹は木の影さ。知らないことがあるもんか。雪の中の死骸は自然に出て来るものよ。（訳はいずれも平凡社『中国古典文学大系』版に拠る）

と見えるのである。前者は潘金蓮《はんきんれん》が陳経済《ちんけいさい》に対して言った台詞《せりふ》、後者は潘金蓮の孟玉楼《もうぎょくろう》に対する台詞であり、ごく自然に潘金蓮のような蓮《はす》っ葉《ぱ》な女性の口の端に登るというシチュエーション自体が、沈万三の知名度の大きさを裏書きするものといえよう。

王行についても、多くの逸話が伝えられている。

王行は、生まれつきの俊才であった。幼少期から抜群の記憶の才を示した。王行の生家は貧しく、父は薬を売り歩いて生計を立てていた。王行は、幼児期、父親の商売道具の千品を越える薬品の名前と効能書きをたちまち覚え、周囲を驚かせた。また王行の父の顧客の媼《おうな》は、稗官小説《はいかんしょうせつ》を聞くのを大変楽しみにしていたが、王行は数本の稗官小説を暗記し、夜には媼のためにそれを誦したという。それを喜んだ媼は、そのことを亭主の翁《おきな》に告げると、翁は、魯論一帙《ろろんいっちつ》、すなわち『論語《ろんご》』を授けた。すると、わずか一日で暗記し、翌日にはそれをすらすら音誦《おんしょう》することが出来た。そこで、翁は王行に対して家蔵の書籍を全部読書する便宜を図ったので、経史百家《けいしひゃっか》に通ずることができたと云われている。そのような抜群の記憶力で経史百家の言に通暁《つうぎょう》した王行は、すでに二〇歳になる前から令名《れいめい》を馳せ、名士たちは競って王行との交際を願ったという。

王行が、蘇州呉江《そしゅうごこう》の稀代《きだい》の大富豪であった沈万三一族の家塾の教師として、招聘《しょうへい》されたのも、その知名度の故であった。

「几案之才《きあんのさい》」があり、稀代の大富豪に招聘され、一つの文章のギャラが、銀二〇両という破格の厚遇を受けた王行であったが、その最期《さいご》は悲惨であった。藍玉《らんぎょく》の獄《ごく》に巻き込まれて誅殺《ちゅうさつ》されたのである。沈万三家を辞去した後、当時最も権勢のあった南京《ナンキン》の藍玉家で子弟の教育に当たっていた。そのため、藍玉の獄が起こったとき、それに連座したのであった。

悲惨な最期であったのは、王行だけではなかった。王行と同時期に活躍した一〇人の詩人たちは、十子、十友、十才子と併称された。またかれらが、いずれも京師の北郭《ほっかく》に住まっていたので、北郭十友という呼ばれ方をされるが、そのメンバーは、高啓《こうけい》・徐賁《じょほん》・高遜志《こうそんし》・唐粛《とうしゅく》・宋克《そうこく》・余堯臣《よぎょうしん》・張羽《ちょうう》・呂敏《りょびん》・陳則《ちんそく》、そして王行の一〇人であり、その大半は、事件に連座して処刑された、あるいは自死した、あるいは獄中で痩死《そうし》したというように、尋常ではない最期を迎えたのであった。

北郭十友の中で、最も才力声調において優れていると云われた高啓の場合は、三九歳のとき、腰斬《ようざん》の刑に処せられている。高啓は、元末、張士誠《ちょうしせい》の乱を避けて蘇州郊外の青邱《せいきゅう》に隠れていたが、張士誠が滅んで、明朝が成立すると、洪武帝に招かれて『元史《げんし》』の編纂に参加し、そのあと翰林院《かんりんいん》国史編纂官となり、また戸部右侍郎《こぶうじろう》に抜擢《ばってき》された。ところが、年少にして重任に耐えないと官を辞し、蘇州に帰り、青邱に住んでいたが、洪武七年（一三七四）、友人の蘇州知事魏観《ぎかん》が、謀反《ぼうはん》の嫌疑《けんぎ》を受けて殺されると、連座して腰斬の刑に処せられたのであった。張羽の場合は、洪武一八年

（一三八五）、年五三歳のとき、龍江《りゅうこう》に身を投じて死んでいる。張羽は、安定書院《あんていしょいん》の山長《さんちょう》をしていたが、洪武四年（一三七一）京師に召されて太常司丞《たいじょうしじょう》となった。のち事に座して嶺南《れいなん》に謫《たく》せられ、道半ばにして召還されると、死を免れざることを覚《さと》り、自ら龍江に身を投じて死んだのであった。河南《かなん》左布政使《さふせいし》に抜擢された徐賁の場合は、洮州《とうしゅう》・岷州《びんしゅう》征伐のために出軍し河南を通過した明軍に対する犒労《こうろう》の件で責任を問われ、獄に下され、のち痩死《そうし》している。

元明交替の変革期に生きたかれらは、「几案之才」はあったが、世間を渡る術には、長《た》けていなかったのであった。

4
鬼哭啾啾《きこくしゅうしゅう》――「千と千尋の神隠し」・『ビルマの竪琴《たてごと》』・松本清張

斜陽と云われて久しい日本映画界に、最近明るい話題ができた。アニメ「千と千尋の神隠し」の大ヒットである。興行収入の新記録達成は、マスコミも取上げ、今年のベルリン映画祭で金熊賞を受賞するなど多くの話題をさらった。

木村弓《きむらゆみ》の歌う、澄み切った音色の主題歌「いつも何度でも」も、映画ヒットに大いに寄与したことであろう。彼女の奏でる竪琴《たてごと》は、ライアというもので、日本にはまだ百人程度のライア人口しかいないらしい。このライア、ドイツ生まれの由。しかし、年配の方で、映画「ビルマの竪琴」を想起された人は、少なからず居られたに違いない。

水島上等兵の、あの竪琴である。

映画「ビルマの竪琴」は、周知のように、竹山道雄《たけやまみちお》の同名の小説を映像化したものである。その小説の中に、こんな一節がある。

こうして、私は行く行く方々で日本兵の屍を葬りました。が、そのうちに、これは大へんなことだとさとりました。この森の中のものだけでも、とうてい短日月には葬りきれません。といって、これをこのままにうち棄てておくことはできません。ここばかりではない、この広いビルマには、全国にどれほどの同胞がこうした姿になったままでいるかわかりません。鬼哭啾啾とはこのことです。

ここに見える「鬼哭啾啾《きこくしゅうしゅう》」は、李白《りはく》とともに並び称せられ、李杜《りと》と連称されることの多い唐代の詩人、杜甫《とほ》の「兵車行《へいしゃこう》」に見える言葉である。

君見ずや青海の頭《ほとり》
古来白骨人の収むる無く
新鬼は煩冤《はんえん》し、旧鬼は哭《こく》し
天陰《くも》り、雨湿《しめ》るとき声啾啾《こえしゅうしゅう》たるを

杜甫像（『三才図会』より）

また、清代の人である姜宸英《きょうしんえい》（ついでにいえば、年七〇になってようやく科挙《かきょ》に合格し、七二歳で没した）の「徐芝《じょし》出塞詩序《しゅっさいのしじょ》」にも、「俄《にわか》に鬼哭し啾啾たるを聞く」とある。鬼哭は、浮かばれない霊魂《れいこん》が声を上げて泣き悲しむこと、啾啾はしくしくと泣く声の形容である。この二つの熟語が合わさって、悲惨《ひさん》な死に方をした者の浮かばれない亡霊の泣き声が、恨めしげに響くさまを云い、これから転じて、ものすごい気配が漂い迫り来るさまを云うようになった。小説『ビルマの竪琴』における「鬼哭啾啾」とは、まさにこのような亡霊が哭する声という意味で使われたのである。

これに関連して、前々から疑問に思っていたことが二点ある。

松本清張の初期の作品に、「啾々吟《しゅうしゅうぎん》」という短編がある。まず一つは、この小説で題名に使われた啾々とは、いったいどのような意味であるのかという疑問である。この小説の粗筋《あらすじ》は、歴史と文学の会編の『松本清張事典』（勉誠社、一九九八年）に手際よく纏《まと》められているので、それを紹介すると、つぎの通りである。

弘化三年丙午八月十四日、肥前佐賀で、藩主の嫡男淳一郎・鍋島藩家老の子松枝慶一郎・御徒衆の伜石内嘉門が日を同じくして誕生した。成長した慶一郎と嘉門は若殿淳一郎の学友となる。嘉門はとりわけ聡明で、藩儒草場佩川《はいせん》の元に出入りするようになるが、なぜか疎まれるようになる。また主君にも用いられぬようになり、同僚からも孤立していた。慶一郎は秀才の嘉門が用いられないことを不思議に思いながらも、彼に何か人好きのしないものがあるのではないかと考える。ある時慶一郎の許婚千恵をめぐって二人の仲は気まずくなり、嘉門は脱藩する。明治維新の後、佐賀藩権大参事となった慶一郎は、順調な歩みを続けるが、嘉門は相変わらず消息不明のままだった。イギリスから帰国後、自分を批判する新聞記事を目にした慶一郎は、筆者である自由党員の谷山輝文という男が嘉門ではないかと思う。周囲の者に疎まれ続け、酒に溺れる嘉門は政府の密偵となる。二人は再会するが、密偵であることが露見した「谷山」（＝嘉門）は自由党員に謀殺される。

この作品は、第一回オール新人杯次席入選作で、作者にとっては当初からかなりな自信作であったと云われている。不思議な因縁をもつ者たちが、結局はおのおのの家柄と境遇に決定され、自らの性格に敗北してゆく悲劇を、同情しながらもどうすることもできない「宿命」として描く。嘉門の旧友松枝慶一郎の回想という形式で、話が展開するこの小説を読んだとき、内容と題名との関連が理解できず、長年にわたって、気になっていた。啾啾《しゅうしゅう》には、前述の亡霊《ぼうれい》が哭《こく》する声の他には、虫の鳴く声、鳥の鳴く声、馬の嘶《いなな》く声、猿の声、鈴の音、笛の音の意味しかないようである。

王陽明像（『三才図会』より）

もう一つの疑問は、松本清張のこの小説と王陽明《おうようめい》が四九歳のときに作った「啾啾吟《しゅうしゅうぎん》」との影響関係についてである。

明《みん》の正徳《せいとく》一四年（一五一九）、寧王府《ねいおうふ》の朱宸濠《しゅしんごう》が、江《こう》西省《せいしょう》の南昌《なんしょう》で反乱を起こした。宸濠は、太祖洪武帝《たいそこうぶてい》の一七子である朱権《しゅけん》の後裔《こうえい》である。宸濠は、時の皇帝武宗《ぶそう》正徳帝があまりの愚帝《ぐてい》であったこともあって、その帝位を狙って、勢力を着々と蓄えていた。それが遂に反乱を起こしたのである。このとき、江西省の南贛《なんかん》地方、福建省《ふっけんしょう》の汀州《ていしゅう》・漳州《しょうしゅう》などの巡撫《じゅんぶ》として治安維持に当たっていた王陽明は、宸濠反乱の報に接すると、直ちに檄《げき》を飛ばして義兵を募り、またたく間にその大軍を撃破して、宸濠を擒獲《きんかく》する大功をたてた。

ところが、武宗の佞臣《ねいしん》、張忠《ちょうちゅう》と許泰《きょたい》は、その功を武宗の親征《しんせい》に帰せしめようとして、陽明に無理難題を申しつけたり、また陽明のことを武宗に讒言《ざんげん》したりした。そこで、陽明は、やむを得ず、その功は武宗の親征によるものである、と記した上奏文《じょうそうぶん》を奉って、宸濠の身柄を朝廷に引き渡した。

明けて、正徳一五年（一五二〇）六月、陽明は贛州《かんしゅう》に行き、閲兵《えっぺい》して兵卒を激励した。権臣の江《こう》彬《ひん》は、陽明が謀叛《ぼうはん》の心を抱いているのではないかと疑い、その動静を探らせたので、門人たちは憂慮した。そのときに作ったのが、「啾啾吟」である。

これは、「知者不惑仁者不憂《ちしゃはまどわずじんしゃはうれえず》」に始まって、最後は「人生達命自灑落《じんせいめいにたっすればおのずからしゃらく》、憂讒避毀徒《ざんをうれえきをさけるはただ》啾啾《しゅうしゅう》」という句で終わる。最後の句は、「人間は達観して天命に従えば、心は自然に灑落《しゃらく》（物にこだわらず、さっぱりしたさま）になる。讒言《ざんげん》を憂え毀謗《きぼう》を恐れて、徒《いたず》らに悲しむに及ばない」とか、「人生天命を達観すれば、さっぱりしたものだ。讒言を憂《うれ》え毀《そし》りを避けて、啾啾と愁《うれ》えているのは馬鹿らしいことだよ」とか、訳されている。

とすれば、王陽明の啾啾は、「悲しみ」の範疇《はんちゅう》には入るけれども、杜甫や姜宸英、それに『ビルマの竪琴』の用法とは、かなりな径庭《けいてい》があるということになる。松本清張の用法になると、杜甫等の用例に近いのか、それとも王陽明の用例に近いのか、はたまたそれらとは全く別の用法なのか、よくわからない。

松本清張の三男隆晴《たかはる》氏は、中国史研究者として大学で教鞭《きょうべん》を執られている。私共は、同じ研究会の仲間である。あるとき、「啾々吟」の題名に関して、「ご尊父は王陽明にも詳しかったのですか」と問うたところ、「鷗外《おうがい》が大好きだったから、鷗外に典拠がないでしょうか」と答えられた。なるほどと思い、暇を見ては鷗外の作品を読んでいるが、いまのところ探しだすに至っていない。

積年《せきねん》の疑問は、まだ解けないままだ。

5 奇骨貫頂《きこつかんちょう》——明太祖《みんのたいそ》・『三国志演義《さんごくしえんぎ》』・胡惟庸《こいよう》の獄《ごく》

朱元璋、生まれる

元・天暦《てんれき》元年（一三二八）九月一八日未《み》の刻すなわち午後二時、安徽省《あんきしょう》の濠州《ごうしゅう》（現在の鳳陽《ほうよう》）で、一人の男子が生れた。

父は朱五四、母は陳氏、初名は重八《ちょうはち》。朱氏一族の同じ世代では、八番目の男子として生まれたので、このような名前がつけられた（これを輩行《はいこう》という。前の世代が先輩であり、後の世代は後輩というわけである）。兄が三人、姉が二人の六人兄弟の末っ子であった。のちの朱元璋《しゅげんしょう》、つまり明王朝（一三六八―一六四四）を創始した太祖洪武帝《たいそこうぶてい》の生誕であった。

朱元璋の家は、代々ここ濠州にいたのではなく、先祖の出身地は、もともとは、徐州《じょしゅう》にほどちかい沛《はい》という町であった。徐州は、日本人にも馴染《なじ》みのある地名である。というのは、

徐州徐州と人馬は進む
徐州居よいか住みよいか
洒落《しゃれ》た文句に振りかえりゃ

お国訛《くになま》りのおけさ節
髭《ひげ》がほほ笑《え》む麦畑

と、直立不動で歌う東海林太郎《しょうじたろう》の十八番《おはこ》の歌に出てくるからである。これは、火野葦平《ひのあしへい》の『麦と兵隊』を映画化した際に作られた主題歌であったが、小説の舞台になったのが、この徐州《じょしゅう》であった。

この徐州にほど近いところが、朱元璋の先祖の出身地であった。しかし、貧窮のため故郷を捨てて流れ流れていき、朱元璋が生まれたときには濠州にいたのであった。朱元璋の家は、大変貧乏であったので、小さいときに地主の家に奉公に出され、毎日牛の番をする生活であった。しかし、牧童仲間では、なかなかの親分肌であり、こどものころからリーダーシップの才能を発揮した。

貧窮していても、両親と兄弟がともに健在で、それなりに幸福であった朱元璋の生活が激変したのは、一七歳のときのことである。この年の春、大旱魃《だいかんばつ》となり、次いで疫病《えきびょう》が大流行して、わずか二〇日ばかりの間に父、母、長兄が相次いで死去した。二人の姉は他家に嫁ぎ、三男も養子に出されていたので、残された次兄と朱元璋は、全く途方に暮れてしまった。それにもまして、悲惨なことは、埋葬するための土地は勿論のこと、葬儀用の棺桶を買う金すらも無かったことである。中国では、

生は蘇州《そしゅう》にあり
住は杭州《こうしゅう》にあり

食は広州《こうしゅう》にあり
死は柳州《りゅうしゅう》にあり

という言葉があるが、棺桶は柳州産のものが最も高級品であった。とはいえ、そのようなブランド品の棺桶は、だれでも購入できるものではなく、金持ちや高級官僚でなければ購入できなかったであろうが、ともかく親が健在中に立派なブランド品の棺桶を買って親を安心させるのが、もっとも目に見える形の親孝行であった。高級品はともかく、買い置きさえなかったことは、朱元璋の家の貧乏の程が知られよう。

地主は大変なけちで、朱元璋兄弟が相談しても、一片の土地すら恵んでくれなかった。しかし、地主の兄がかれらの哀れな境遇を見るに見かねて、山裾《やますそ》のわずかばかりの土地を恵んでくれた。埋葬が終わると、かれら兄弟は今後の身の処し方を考え、その結果、兄はその地に留まり、朱元璋はお寺の小僧になることになった。

朱元璋、僧になる

そこで、皇覚寺《こうかくじ》というお寺の見習い僧になったが、五〇日目の朝には、もう托鉢《たくはつ》の旅に出ることになった。お寺は寄進された土地を小作に出し、その上がりで運営していた。ところが、数年来の飢饉のため、小作料が入らず、とても坊さんたちを食わせる余裕がなくなっていたのである。

それで、他の僧侶たちも家に帰るか、托鉢行脚《あんぎゃ》に出るかの選択を迫られた。今や帰るべき家とてなかった朱元璋は、破れた笠を被《かぶ》り、杖一本をもって、否応無《いやおうな》しにあてのない托鉢の旅に出ざるをえなかったのである。お寺にはわずか五〇日しかいなかったために、完全に覚えたお経は一つもなく、托鉢僧とはいえ、その実態は物乞いであった。途中で病気になって臥《ふ》せったこともあり、苦労の多い托鉢の旅であったが、その一方では見聞を広め、知識を獲得する絶好の機会になった。

托鉢の途中、朱元璋は、一人の老儒学者と知り合った。

あなたの顔を見ていると、どうもただ者ではなさそうじゃ。わしはいささか星占いを心得ているので、占ってさしあげよう。あんたの生年月日を言ってみなされ。

と云われ、朱元璋がありのままを答えると、しばらく黙っていた老人は、

やはり思った通りじゃ。あんたは素晴らしい運勢の下に生まれていなさる。くれぐれも命を大事になされよ。ここからは西北の方に向かいなされ。東南はよろしくない。

と云うと、その場を立ち去ったのである。老儒学者が関心を抱いた朱元璋の顔は、とてもこの世の人とは思われない醜悪《しゅうあく》なものであった。

現在残っている朱元璋の肖像画をみると、額《ひたい》は大きく張り出し、顎《あご》もしゃくり上がって、その中に太い眉と大きな鼻が収まり、顔中アバタだらけ。しかし、鋭い眼光は、相手の心を射抜かんばかりの威圧感を放っており、一目見ると二度と忘れない顔の持ち主であった。

朱元璋の一代記ともいうべき『明史《みんし》』太祖本紀《たいそほんぎ》では、この朱元璋の容貌を「奇骨貫頂《きこつかんちょう》」の四字で云い表している。

「忘れ鼻」という言葉がある。顔が極めてバランスが良く、鼻がどんなであったか忘れてしまったという意味で、大変な美人のことであるけれども、男の顔は、形が整ってハンサムであれば良いというものではない。

朱元璋は、顔のバランスを著しく欠いた異相《いそう》の故に、老儒学者がはなはだ注目するところとなったのである。

二一歳のときいったん、皇覚寺に戻るが、自分の行く末を二つのサイコロに託して、「寺を去るべきか、留まるべきか」を占ってみた。何度振っても、両方とも不吉と出る。「去るも不吉、留まるも不吉ということは、私に大事を起こせと言うことか」こう言って占うと、果たして吉と出た。

朱元璋、兵士になる

こうして元末の反乱に身を投じることを決意した。二五歳の春のことである。濠州《ごうしゅう》を本拠にしていた、郭子興《かくしこう》の陣営を訪れ、部下に加えてもらおうとしたが、門番は朱元璋を縛り上げ、いまにも首を刎《は》ねかねない高圧的な態度であった。よれよれの僧衣を纏い、醜悪《しゅうあく》な面相をした朱元璋を元朝のスパイと勘違いしたのである。

明太祖（朱元璋）像（『中国歴代帝王名臣像真跡』より）

しかし、やがて知らせを受けて郭子興が奥から出てくると、状況は一変した。郭子興は、朱元璋の異様な面構《つらがま》えにただならぬものを感じ取り、すぐに自分の部下にしたのである。まさに、「奇骨《きこつ》貫頂《かんちょう》」と称せられた異相の故に命を失いかけ、異相ゆえに命を拾ったのである。

僧侶から兵士になったことは、朱元璋の生涯における最初のターニングポイントであった。

またたくまに頭角を現した朱元璋は、二八歳のときに、既に郭子興の命を奉じて諸将を率い、数々の勝利を上げたのである。やがて、郭子興は、戦えば必ず勝つという有能な朱元璋に何事も相談するようになり、遂には手元で我が子同様に養育していた、このときまさに女盛りの二一歳の養女（馬氏《ばし》）を朱元璋に与え、結婚させた。郭子興が死去すると、その軍のほとんどは、朱元璋の手に帰した。

朱元璋の生涯の第二番目のターニングポイントは、三六歳のときにやって来た。

中国各地に跋扈《ばっこ》した群雄の中で、当時大きな勢力を有していたのは、朱元璋の他には、陳友諒《ちんゆうりょう》と張士誠《ちょうしせい》であった。陳友諒と張士誠は密約を結び、朱元璋を挟《はさ》み撃《う》ちして、まず朱元璋を滅ぼし、しかるのち陳友諒と張士誠との間で雌雄《しゆう》を決して、天下に覇《は》を唱えようとしたのである。両方に挟みうちされたら、さすがに朱元璋もどうしようもない。そこで、朱元璋は、まず陳友諒を滅ぼし、そのあと張士誠と対決するという個別撃破の戦略を立てて、陳友諒と鄱陽湖《はようこ》という湖で戦った。

鄱陽湖は、揚子江の中流域にあり、近くに陶磁器で有名な景徳鎮《けいとくちん》という町がある。戦闘は、三日

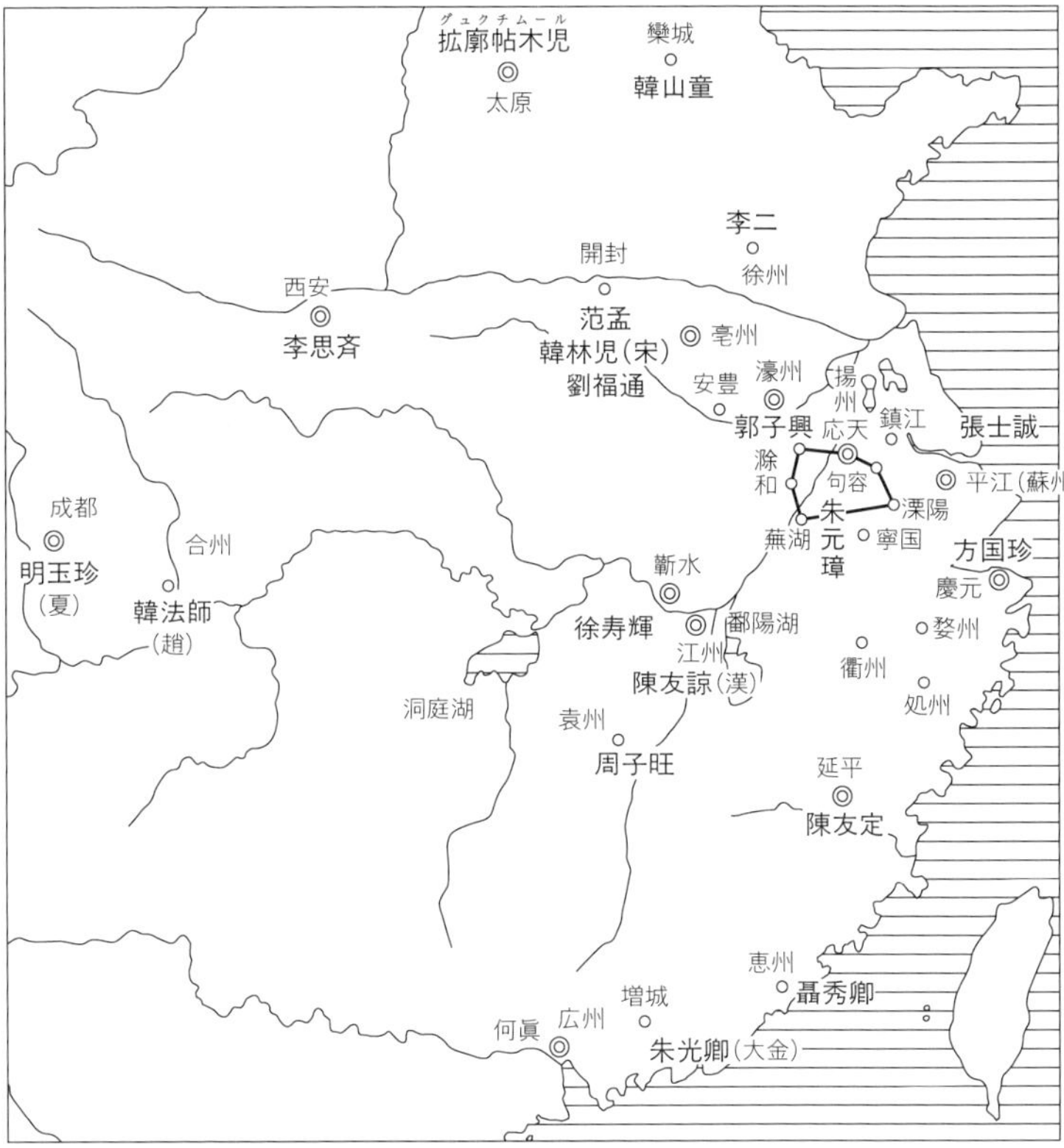
拡廓帖木児《グュクチムール》
太原
欒城
韓山童
李二
徐州
開封
西安
李思斉
范孟
韓林児(宋)
劉福通
亳州
濠州
安豊
揚州
郭子興
応天
鎮江
張士誠
滁和
句容
平江(蘇州)
朱元璋
溧陽
蕪湖
寧国
方国珍
慶元
成都
明玉珍
(夏)
合州
韓法師
(趙)
蘄水
徐寿輝
鄱陽湖
江州
陳友諒(漢)
婺州
衢州
処州
洞庭湖
袁州
周子旺
延平
陳友定
恵州
聶秀卿
増城
広州
何眞
朱光卿(大金)

元末群雄割拠図

間くり広げられ、戦況は陳友諒側優勢に進み、朱元璋側は敗色が濃厚であった。陳友諒は三階建てで、かつ船体には鉄の裏打ちを施した重装備の巨大な戦艦を数百艘有していて、それに六〇万という軍勢を乗せていたが、それに比べて朱元璋の方の軍勢は、大変見劣りした。朱元璋軍はもともと自前では大した水軍をもっていなかったので、陳友諒軍に終始押されっぱなしであった。そのような状況を打開するために、朱元璋は思い切った大胆な戦術を採用した。漁船を近くの漁場からかき集めて、それに枯れ草を積み、その中に火薬を隠し、チャンスを伺い、やがて風が出て来たのを確認すると、朱元璋は、漁船の枯れ草に火を縦《はな》ち、風上《かざかみ》から陳友諒軍の船隊に突っ込ませたのである。そのため、湖上は、瞬時《しゅんじ》にして火の海と化し、陳友諒軍の軍艦に火が次々に燃え移り、無数の兵士が焼け死んだのであった。これで、戦局は一変した。

朱元璋軍は、軽快に動きまわる小型船を駆使《くし》して、陳友諒軍に攻め込み、陳友諒は流れ矢に当たって死亡し、朱元璋軍の大勝利をもって、鄱陽湖の戦いは、終わった。

これは、三国時代に蜀漢《しょくかん》と呉《ご》が手を組んで魏《ぎ》に対抗した赤壁《せきへき》の戦いの再現みたいだ。歴史は繰り返すと云うが、しかし、これは同じようなことがそっくり二度おきたということではない。実際は『三国志演義《さんごくしえんぎ》』の著者が、赤壁の戦いの箇所を描写する際に鄱陽湖の戦いの状況をそっくり借用したというのがその真相であろう。換言すれば、『三国志演義』の当該箇所の方が、鄱陽湖の戦いを再現したというべきであろう。

『三国志演義』や『水滸伝《すいこでん》』、『西遊記《さいゆうき》』といった小説は、ひとりの著者によって書き上げられたものではなかった。これらは、もともとは北宋《ほくそう》の都開封《かいほう》や南宋《なんそう》の都杭州《こうしゅう》の盛り場の寄席で、一話一話、話が完結する講談として上演されていたものである。盛り場のことを瓦子《がし》と言うが、この瓦子にはいろんな芸能が上演される劇場や寄席、それに食い物屋や飲み屋が集まり、朝の四時ころから夜中まで営業をしていた。だから、都市の住民も、お上りさんも、瓦子に行けば一日中、楽しく過ごすことが出来たのであった。

『三国志演義』・『水滸伝』・『西遊記』のもとになった話は、あちこちの寄席で、いろいろな講釈師たちが演題として掲げて演じていたものであった。そのようにして膨大に膨らんだ話を、それぞれ『三国志演義』や『水滸伝』、『西遊記』として整理したのが、明代初期のことであった。そのような意味では、『三国志演義』の著者は、羅貫中《らかんちゅう》ということになっているが、かれをオリジナル創作の著者と理解したら間違いである。かれは膨大に膨らんだ話を現在の形に整理した編者にすぎない。勿論、今日もなお人気があり、読み継がれているのは、かれの整理がよかった訳で、その功績は無視できないが、しかしその成り立ちから言えば、『三国志演義』の本当の著者は、無数の名も知れない講談師たち、あるいは講談師たちに脚本を提供した脚本作家であったということになる。

とはいえ、赤壁の戦いの部分は、羅貫中が、当時伝聞した鄱陽湖の戦いを、『三国志演義』を整理するときに取り込んだものと見てほぼ間違いないであろう。諸葛孔明《しょかつこうめい》が少数民族を征服する場面があるが、あれも明代初期に展開された雲南討伐《うんなんとうばつ》の概要とそっくりだと云われている。探せばまだ出てくるであろうが、『三国志演義』の描写と明代初期前後の事件との関わりは少なくないのである。

話が、やや脇にそれたが、朱元璋は、鄱陽湖の戦いで大勝利すると、「一瀉千里《いっしゃせんり》」に張士誠の軍を破った。

朱元璋、皇帝になる

その翌年の正月、ついに国号を明《みん》とし、年号を洪武《こうぶ》として、皇帝即位の式をあげた。朱元璋は皇帝の位に即くと、妻の馬氏を皇后とし、長男の標《ひょう》を立てて皇太子とした。そして、それまで応天府《おうてんふ》といっていた場所を南京《ナンキン》として、ここを都とした。

皇帝になったとはいえ、まだ大都《だいと》（現在の北京《ペキン》）には、元という王朝が存在していた。そこで、朱元璋は元を討伐するための北伐軍を送り込んだ。戦いに明け暮れることを「南征北伐《なんせいほくばつ》」というが、北の方に攻め込むこの北伐軍によって、元はあっけなく崩壊した。一部には城に籠もって徹底抗戦しようとの意見もあったが、肝心な皇帝（順帝《じゅんてい》）が、さっさと逃げ出したために、崩壊してしまった。ほとんどのモンゴル人は、故郷であるモンゴル高原にもどったが、中にはそのまま中国に留まったものもいた。

朱元璋は、一〇〇年近いモンゴル人の中国支配の名残りを一掃するために、「胡服胡語《こふくこご》」を禁止した。

ところで、朱元璋は大変な子沢山であり、男の子は皇太子を含めて二六人、女子は一六人、合計四二人を儲《もう》けた。男の子たちは、それぞれ王に封じて、時期がくると王府を与えて地方に出した。この制度を明の封建制《ほうけんせい》という。

さて、皇帝になった朱元璋の第三番目のターニングポイントは、五三歳のときのことである。皇帝になったものの、必ずしもその権力は、安定したものではなかった。明代の政治機構を整備したのは、ブレーンの儒学者たちであった。その機構は、皇帝を頂点にその下に中書省《ちゅうしょしょう》があり、その下に行政官庁としての六部《りくぶ》が置かれた。そのため、実際の権力を握っていたのは、皇帝の命令を伝え、かつ六部からの情報を把握し得る中書省であった。

朱元璋は、権力を取り戻すべく、中書省の最高責任者である胡惟庸《こいよう》を逮捕し、これに関係のあるものとして約一五〇〇〇人を殺した。胡惟庸が、日本と手を組んで明朝の転覆をたくらんでいるという荒唐無稽《こうとうむけい》の理由で、胡惟庸と関係のあったものが、一網打尽《いちもうだじん》にされたのである。その結果、中書省は廃止され、皇帝自ら六部を統轄《とうかつ》し、二年後には、皇帝の相談役として殿閣大学士《でんかくだいがくし》（内閣大学士）を設置した。胡惟庸の獄は、朱元璋が権力を取り戻すということの外に、彼の天下取りの過程で協力し功績のあった者を取り潰《つぶ》して行くという、「一石二鳥《いっせきにちょう》」のメリットもあったのである。

苦労を共にして来た「糟糠之妻《そうこうのつま》」馬皇后《ばこうごう》が死去したのは、朱元璋五四歳のときのことであった。老境が忍び寄ってきた朱元璋に、人生最後のターニングポントが訪れたのは、六五歳の時のことであった。

朱元璋、後継者に悩む

皇太子標が死去したのである。朱元璋は、余りに南に偏在《へんざい》した南京《ナンキン》にではなく、明代には西安《せいあん》と呼ばれており、かつて唐の都として栄えた長安《ちょうあん》への遷都《せんと》も、その候補の一つと考えていた。しかし、六五歳になり、老境に入った朱元璋は、この都を移すという大プロジェクトを自らは推進せず、その責任者を皇太子にした。皇太子は西安に調査に出掛けた。そして帰京すると、そのまま病死してしまったのであった。多分過労死であろう。これによって、遷都事業は、とりやめになった。もう一度、自分で遷都事業をなす気力は、朱元璋にはもはやなかったのである。

それにもまして、朱元璋が困惑したのは、後継者の問題であった。順番からいえば、朱元璋の次は、皇太子、皇太子の次は、当然その子供ということになるが、皇太子の子供はまだ一六歳であり、かつ苦労知らずに育った線の細い神経質な少年であった。朱元璋は、この少年に王朝の運命を託することに不安を抱いて、次の皇帝をだれにするかを決定するのに随分と躊躇《ちゅうちょ》したのである。躊躇を増幅させたのは、燕王《えんおう》の存在であった。燕王は、第四番目の子供で、北平《ほくへい》（現在の北京《ペキン》）

の地に封ぜられ、モンゴルとの戦いにおいて赫々《かくかく》たる成果を挙げて、しばしば朱元璋を喜ばせていた。年齢的にも三〇代の働き盛りであり、その武人としても傑出《けっしゅつ》した燕王を、自分の跡継ぎにしたいと心中密かに思っていた。それがために、なかなか決定ができなかったのである。しかし、四男を跡継ぎにすれば、その兄に当たる次男と三男の処遇をどうするかという問題もあり、結局は亡くなった皇太子を弔うためにも、原則を尊重し、皇太子の子供、朱元璋からみれば孫を、皇太孫《こうたいそん》に決定した。

この間、五カ月もかかった。この決定は、またしても、藍玉《らんぎょく》の獄《ごく》という大惨劇を生むことになった。

時に六五歳、いつ何時《なんどき》人生の終焉《しゅうえん》がやってくるかもしれない朱元璋は、この際、皇太孫のために、明初以来の功臣たちを決定的に取り除こうと決意した。そのため、翌洪武二六年（一三九三）早々には、藍玉が反乱をたくらんでいるということを名目に藍玉とそれにつながる人々をつぎつぎに逮捕し、この事件で一五〇〇〇人を殺した。初めからでっちあげの事件であるから、逮捕の名目なんてなんでもよかったわけであるが、藍玉が何ゆえに反乱の首謀者として祭り上げられたのかというと、藍玉は槍玉《やりだま》にあげられても、あまり不審に思われない人物であったからである。かれは、大変に高慢ちきで、鼻持ちならない男であったようだ。

たしかに武人としては、すぐれた成績をあげたが、朱元璋の処遇にも満足せず、いつも不満たらたらであった。それに加えて、決定的な事件を起こした。軍隊を率いて、モンゴルに遠征して大勝利をあげ、ハーンのお后《きさき》を始め、沢山のモンゴル人を捕虜にして帰京したが、のちになると、藍玉がハーンのお后をてごめにしたことが発覚した。それで、お后は露見を恥じて自殺し、朱元璋はカンカンに怒った。母に自殺されてしまった王子は、絶望の余り、何か問題を起こすのではないかと恐れられ、琉球《りゅうきゅう》、現在の沖縄に流された。藍玉は、そのようなスキャンダラスな男であったので、謀反をたくらんでいるとでっち上げられても、あいつならやりかねないと受け止められたのである。朱元璋が皇太孫のために講じた功臣対策であった藍玉の獄は、功臣のみならず、藍玉の屋敷に日頃出入りしている市井《しせい》の人、例えば床屋さんなどをも巻き込んで、沢山の人々の血が流れたのであった。

なお、余談ながら、この同じ洪武二六年（一三九三）には、朝鮮《ちょうせん》という国名が成立した。朝鮮半島では、前年に政変が起こり、高麗《こうらい》の武将であった李成桂《りせいけい》が高麗を倒し、王朝を建てた。しかし、朱元璋は、主家を倒した李成桂の王朝を認めなかったので、李成桂は、使者に朝鮮、和寧《わねい》の二つの名称を持たせ、朱元璋に選択してもらうことにした。その結果、朱元璋は、朝鮮の方が雅《みやび》だといって、これを採択した。李氏朝鮮という称号は、このようにして出来たのである。

朱元璋、死す

中国では、皇帝のことを万歳《ばんざい》といった。皇帝の誕生日を万寿聖節《ばんじゅせいせつ》という。だから、皇帝がなくなることを万歳後と云うのである。朱元璋が七一年に及ぶ波乱に満ちた生涯を終えたのは、洪武三一年（一三九八）、在位三一年目の事であった。崩御の一週間後、南京《ナンキン》にすでに建設されていた孝陵《こうりょう》に葬られた。そして、予定通り、皇太孫が即位した。これが、建文帝《けんぶんてい》である。しかし、それから一年二カ月後の建文元年（一三九九）七月、燕王《えんおう》が挙兵して、靖難《せいなん》の役《えき》が始まり、中国はまる三年にわたって戦争状態になった。かつて、朱元璋が躊躇した後継者問題は、建文帝と燕王との戦争という新たな展開を呼び起こしたのである。

朱元璋は、節目節目の転換点での選択は、いつも結果的には成功であった。しかし、最後の皇太子の急死に伴う後継者問題では、大きく躓《つまず》いたのであった。朱元璋が後継者を決めることに大変逡巡《しゅんじゅん》したことは、建文帝と燕王双方に大きな波紋を投げかけた。燕王は、自分が一度は後継者候補になったことによって皇帝の位に色気を感じ、一方、建文帝には、すんなり後継者になれなかったことに大変なわだかまりを生じさせた。その感情は増幅され、燕王の存在が大変目障《めざわ》りになっていった。

そのため、皇帝になると、この燕王に対してどう対処するかということが最大の政治課題となった。すぐに燕王を取り潰《つぶ》そうという案と、燕王に関係ある他の王たちを潰した後、最大目的の燕王を潰すという案の二案があったが、両方の案が刷《す》り合《あ》わされた結果、燕王の手足になるような王を最初に潰し、最後に燕王を潰すという案が採用された。

朱元璋が亡くなった二カ月後には、早くも周王《しゅうおう》取り潰しが行われ、削藩政策《さくはんせいさく》が始まった。そして、矢継ぎ早に合計五王が潰されてしまった。同時に燕王に対しても、さまざまな圧力を加えた。例えば、燕王の護衛の兵隊を北辺防衛の名目で、建文帝の指揮下に組み込んで、燕王の軍事力をまる裸にし、まさに真綿《まわた》で首を締めるように燕王をじわじわと追い詰めていった。燕王は、真夏にもかかわらず、懐炉《かいろ》や暖炉《だんろ》を抱きながら、寒い寒いと言い、気が触れたようなそぶりをみせ、建文帝の弾圧を和《やわ》らげようとしたが、燕王側近の裏切りにより、それがウソであることを、建文帝はちゃんと知っていた。結局、朱元璋《しゅげんしょう》が亡くなって一年二カ月後の七月四日、燕王は遂に八〇〇人の手勢を率いて、のるかそるかの大勝負に出た。

これを靖難《せいなん》の役《えき》という。結局まる三年かかったこの戦争は、建文四年（一四〇二）六月一三日、南京の陥落、建文帝の死去によって、終始無勢をかこった燕王が、予想外の勝利をえたのであった。

このようなドラマチックな展開は、小説家の食指《しょくし》を動かすもののようである。すでに早く幸田露伴《こうだろはん》は、『運命』という作品で、現在活躍中の伴野朗《とものろう》は、『大航海』という作品のなかで、建文帝のことを書いている。もっとも、二つの作品とも、建文帝は、このとき死なないで僧侶の恰好に身を変え逃げたということになっている。そうした話は、小説家の創作ではなく、すでに明の時代にあった。これは、源 義経《みなもとのよしつね》が平泉で死なずに北海道経由で大陸に逃れ、チンギス＝ハーンになったという伝説と同類のもので、悲運の皇帝たる建文帝に同情した伝説である。

その建文帝自殺の四日後の六月一七日、燕王は即位し、七月一日、即位詔《そくいのみことのり》を発布し、翌年元旦を以って永楽《えいらく》元年とすることを宣言し、ここに永楽政権が成立した。そして、北京《ペキン》に都が移されることになるわけである。

しかし、朱元璋は、そのことを全く知らずに、そして、子孫たちの陵墓《りょうぼ》がいずれも北京の十三《じゅうさん》陵《りょう》に集まっていることの意味も知らずに、一人南京の孝陵《こうりょう》で永遠の眠りについているのである。

以上、明という王朝を創設し、二七〇年に及ぶ中国支配の基礎をつくった朱元璋という人物にスポットを当てて来たが、この朱元璋について、日本の歴史上の人物でいえば、織田信長と豊臣秀吉と徳川家康を三人足したほどの人物であるという説を唱える人もいる。

朱元璋のユニークさは、中国の南の地域から起きて中国を統一し、天下を治めた唯一の人であること、また流民《りゅうみん》に等しい貧民出身で皇帝になったのは、秦《しん》の始皇帝《しこうてい》から始まる中国の無数の皇帝の歴史において、ただひとりであったことなどにある。逆に言えば、チャンスさえあれば、だれにでも皇帝になれる可能性のあった中国で、全くの徒手空拳《としゅくうけん》で、本当に実現してしまった稀有《けう》な人であった。しかし朱元璋は、ただ幸運だけで天下人となったのではない。そこに行きつくまでには、大変な苦労と辛酸《しんさん》とをなめて来た。それを単なる成功物語としてみるのではなく、成功も失敗も含め、トータルに見て行くと、そこには教訓とすべき様々な事柄があるように思われる。

日本の経営者が経営や人材活用術の参考にする中国のものとしては、いつも唐の二代目の皇帝であった太宗《たいそう》と臣下の政治論議を分類・整理した『貞観政要《じょうがんせいよう》』という本が取り上げられるけれども、私は、むしろ「経営術や人材活用術は朱元璋に学べ」と言いたい。

6 乞師乞資《きっしきっし》 —— 徳川幕府・国姓爺《こくせんや》・『華夷変態《かいへんたい》』

先年、NHKで放映された「葵徳川三代《あおいとくがわさんだい》」という大河ドラマは、家康《いえやす》・秀忠《ひでただ》・家光《いえみつ》を主人公にしたものであった。

テレビでは、まったく触れていないようであったが、この徳川三代の間に起きた東アジア最大の事件は、家光在任中の正保《しょうほう》元年（一六四四）における中国大陸での明清《みんしん》交替という政治変動であった。

明代最後の皇帝である崇禎帝《すうていてい》は、農民反乱軍の首領である李自成《りじせい》の軍に北京《ペキン》の内城が破られたことを知ると、同年即ち明の崇禎一七年（一六四四）三月一九日の朝ぼらけ、宦官《かんがん》の王承恩《おうしょうおん》一人を連れて、紫禁城《しきんじょう》の北方にある景山《けいざん》に登って海棠《かいどう》の木に首をくくり自死した。

かくして、貧農出身の朱元璋《しゅげんしょう》が、モンゴル民族の元朝を倒して、洪武《こうぶ》元年（一三六八）に明朝を建国して以来二七七年続いた明朝は滅んだのであった。明朝を滅亡せしめた李自成は、新たな北京の支配者となったが、山海関《さんかいかん》を越えて北京に入城した満州族の清の軍隊に駆逐《くちく》せられて、わずか百日にして北京支配者の地位から滑《すべ》り落ちてしまった。

三月の李自成の北京侵入による明朝の滅亡に始まった明清交替という大陸の政治的大変動（「大明変乱」）の情報が、家光政権のもとに伝えられたのは、同年八月四日付の長崎注進によってであった。この情報は、在長崎の唐人《とうじん》から聴取したものであったから、「風聞《ふうぶん》」の域を出なかったが、その後も長崎からの注進があり、次第に情報はその精度を増していった。

翌正保二年（一六四五）には、幕府は、南明《なんみん》政権の一つである南京《ナンキン》の弘光帝《こうこうてい》から琉球《りゅうきゅう》への招撫《しょうぶ》使《し》派遣がなされたことを大坂町奉行《おおさかまちぶぎょう》を通して知り、薩摩藩《さつまはん》に対して琉球より伝わる大陸の情報を知らせるよう指示したのであった。家光政権は、大陸における変動を単なる対岸《たいがん》の火事《かじ》と静観するのではなく、積極的に情報を収集し、それに対応しようとしたのであった。

このように、家光政権が、明清交替という政治変動に対応していったのは、明朝滅亡後各地で旗揚げした南明政権や明の遺民《いみん》が、頻繁に日本へ援軍を求める乞師《きっし》（借兵《しゃくへい》）および物資の援助を求めた乞資《きっし》という請援《せいえん》のアプローチを行ってきたからであった。

北京陥落と崇禎帝の死が伝わると、各地で明皇室の後裔《こうえい》を擁立《ようりつ》する動きが活発化し、明の副都《ふくと》であった南京をはじめとする江南各地で政権が建てられた。その主なものが、福王《ふくおう》・唐王《とうおう》・桂王《けいおう》の三人を数える三藩《さんぱん》、さらに魯王《ろおう》を加えて四藩《しはん》と称される南明政権である。その目的は、明室の復興運動にあった。福王は弘光帝、唐王は隆武帝《りゅうぶてい》、桂王は永暦帝《えいれきてい》とそれぞれ皇帝名を称した。

近松門左衛門《ちかまつもんざえもん》の人形浄瑠璃《にんぎょうじょうるり》「国性爺合戦《こくせんやかっせん》」で有名な鄭成功《ていせいこう》は、唐王政権に従い、唐王から明の国姓《こくせい》「朱」姓を賜り朱成功《しゅせいこう》と名乗ることを許された。これが鄭成功が国姓爺《こくせんや》と呼称される所以であり、「国性爺」と表記されたのでは全く意味をなさないのである。

なお、爺は尊称として用いられる用語であって、年寄りを意味する訳ではない。

鄭成功は、唐王政権が滅亡すると、桂王を奉じて、威遠侯《いえんこう》、漳国公《しょうこくこう》、延平郡王《えんぺいぐんおう》、潮王《ちょうおう》等に封《ほう》じられた。一六五九年（清順治《じゅんち》一六、日本万治《まんじ》二）、鄭成功は、張煌言《ちょうこうげん》と連合して、桂王を雲南《うんなん》に追撃して清の守りが手薄になった長江《ちょうこう》（揚子江《ようすこう》）流域の各地を攻撃し、戦果を上げるなど、一時的には南明政権も、清朝をてこずらせた。

しかしながら、明室復興運動としては、各藩の間に統一と協力を欠き、また王を擁立する諸臣の不和と党争があり、新興の強大な清朝に対抗出来るような体制が整備されないまま失敗に終わり、各藩はやがて滅亡していった。この間、崔芝《さいし》、馮京第《ふうきょうだい》や鄭氏一族らは、海外に望みを託して、しばしば日本に「乞師乞資《きっしきっし》」し、また琉球・南海諸国、さらにはローマにまで援軍の要請を行ったのであった。

この援軍を乞うことを乞師、武器や食料の支援を乞うことを乞資という。師とは、周代《しゅうだい》の軍制で二五〇〇人の称である。師はまた単に軍隊、軍旅《ぐんりょ》をも意味する。したがって、師行《しこう》とか師期《しき》など軍事に関わる熟語が少なくない。中国の歴史は、極論すれば、戦乱と飢饉《ききん》の繰り返しであったから、藩属国《はんぞくこく》に援軍を乞うことや、武器・食料の支援を乞うことは夥《おびただ》しくあった。しかし、宗藩《そうはん》関係にあるわけでもない日本に「乞師乞資」することは、極めて異例のことであった。

日本に対しての「乞師乞資」の最初のアプローチは、正保二年（一六四五）一二月であった。先学の研究によると、正保二年（一六四五）から貞享《じょうきょう》三年（一六八六）までの四〇年の間、乞師一六回、乞資六回が確認出来るという。この間、将軍職は家光・家綱《いえつな》・綱吉《つなよし》の三代を経たが、明の遺臣たちは、間断《かんだん》なく日本に対して、乞師乞資の請援《せいえん》を行ってきたのであった。

今、乞師一六回の概要をごく簡単に紹介すると、つぎのようになる。

①正保二年（一六四五）一二月、明の遺臣である水師都督《すいしととく》の崔芝《さいし》は、その部下である林高《りんこう》を遣わして、日本に精兵三〇〇〇名・武具二〇〇領の支援を要請した。

②正保二年（一六四五）冬、周鶴芝《しゅうかくし》は、薩摩に来て、島津侯に懇請して、明年出兵の約束を得た。

③正保三年（一六四六）三月、前年の島津侯との約束実行のために、周鶴芝は、参謀の林籥舞《りんやくぶ》を派遣しようとしたが、黄斌卿《こうひんけい》の反対にあい中止の止むなきに至った。

④正保三年（一六四六）六月、鄭芝龍《ていしりゅう》の部下黄徴明《こうちょうめい》は、日本に援軍と兵粮を求めて渡来。八月一一日、島津内部で、幕府が援軍を派遣するときは、まず先手を勤めるべしとする意見が出た。

⑤正保四年（一六四七）二月、周鶴芝の計画。

⑥正保四年（一六四七）三月、周鶴芝の義子である林皐《りんこう》が、安昌王《あんしょうおう》とともに渡日。
⑦正保四年（一六四七）六月、明の御史《ぎょし》馮京第《ふうきょうだい》を主とし、黄斌卿の弟黄孝卿《こうこうけい》を副とし、安昌王も協力して行われた。これは馮京第の第一次乞師であった。
⑧慶安《けいあん》元年（一六四八）、鄭成功《ていせいこう》第一次の乞師。
⑨慶安二年（一六四九）一〇月、馮京第と黄宗羲《こうそうぎ》が長崎に渡来した。これは馮京第の第二次乞師である。
⑩慶安二年（一六四九）冬、明の御史《ぎょし》兪図南《ゆとなん》の乞師。
⑪慶安二年（一六四九）、明の将軍阮美《げんび》の使者の乞師。
⑫万治元年（一六五八）六月二四日に、鄭成功の使船が長崎に到着した。これは鄭成功の第二次の乞師である。
⑬万治元年（一六五八）、鄭氏一族の鄭泰《ていたい》の乞師。
⑭万治二年（一六五九）、朱舜水《しゅしゅんすい》の乞師計画。
⑮万治三年（一六六〇）、張光啓《ちょうこうけい》の借兵。
⑯貞享三年（一六八六）、張斐《ちょうひ》の乞師計画。
正保二年（一六四五）末に長崎に到着し、翌年初頭に江戸の家光政権に届いた南明《なんみん》政権からの日本への請援の動きは、それまで情況把握のための情報収集のみであった段階から、政権としての具

体的な対応が求められるという新たな段階への出発であった。南明政権の最初の日本乞師にあたる崔芝の参将林高の船が長崎に入港したのは、正保二年（一六四五）一二月二五日であった。長崎奉行の山崎正信《やまざきまさのぶ》は、林高持参の書簡二通と林高の口上書《こうじょうしょ》を翌二六日付けで江戸に送った。これを受けた江戸の老中たちは、林春斎《はやししゅんさい》に家光の前で書簡を読み上げさせる形で将軍の耳に入れたのであった。

この時の家光政権の対応は、明と日本との間の勘合《かんごう》による外交関係が断絶していることを根拠として、「訴訟」の受理＝将軍への言上そのものを拒否するというものであった。家光政権としては、明使らの要請への諾否を真っ正面から答える前に、門前払いの形で使者を帰国させてしまうことを望んだのであった。家光政権は、体面を保てるに十分な勝利の得られる見通しが確実でないかぎり、外部勢力との紛争を起こすことに、極めて消極的であったのである。

だが、こうした家光政権の対応に不満を持ち、積極的に出兵を望んだ人々もいた。世代交代が進んだ家光政権の中で、また諸大名の家臣団において、戦陣の論理を振りかざして自己主張する人々と、幕初以来の大名の相次ぐ改易《かいえき》によって大量に生み出された浪人層であった。しかし、家光政権は、豊臣政権の「唐入り《からい》」に向けての異常なまでの執着とは全く異なり、慎重に対処したのであった。

とはいえ、幕府は激動する大陸情勢に対して、大きな関心を持ち続けたのである。その所産が、

『華夷変態《かいへんたい》』の編纂である。これは、鎖国政策下唯一の窓口であった長崎を通して幕府が収集した大陸情報を、儒官《じゅかん》であった林鵞峰《はやしがほう》が、明滅亡の一六四四年（明崇禎一七、日本正保元）から一六七四年（清康熙《しんこうき》一三、日本延宝《えんぽう》二）の三〇年間分について編修して、『華夷変態』（華＝明から夷＝清への変動）と名付けたものである。さらにその後、鵞峰の子の鳳岡《ほうこう》によって一七二〇年（清康熙五九、日本享保五）までの分が編纂され、大陸の動向が詳細に記録されたのであった。

結局、明遺臣からの援軍要請は、いずれも幕府の容《い》れるところとならなかったが、この間に日本に亡命した人も少なくなく、かれらは多大な影響を与えた。例えば、朱子学者の朱舜水《しゅしゅんすい》は、魯王や鄭成功《ていせいこう》にしたがって明復興運動を行ない、それが敗れると、長崎に亡命した。朱舜水は柳川藩《やながわはん》の朱子学者安東省庵《あんどうせいあん》を頼った後、水戸《みと》の徳川光圀《とくがわみつくに》に招かれた。朱舜水は、水戸学派の人々だけではなく、水戸学派以外の木下順庵《きのしたじゅんあん》や山鹿素行《やまがそこう》などの儒学者に大きな影響を与えた。また陳元贇《ちんげんいん》、隠元《いんげん》、心越《しんえつ》なども、明の滅亡と前後して日本に帰化して当時の漢文化を日本に伝えるとともに、多種多様な文物（隠元豆、菠薐草《ほうれんそう》等もこのとき伝来）も齎《もたら》し、江戸社会にさまざまな影響を与えたのであった。

7 局促不安《きょくそくふあん》——即位詔《そくいのみことのり》・方孝孺《ほうこうじゅ》・楼璉《ろうれん》

即位詔の起草者

中国皇帝のその治世の間に発する文書数の多寡は、在位年数の長短に比例した。在位年数が長ければ、当然多くなり、在位年数が短ければ、必然的に少なくなる。これは、各王朝の創業皇帝であろうと、後継の皇帝であろうと、いかなる皇帝にも通底する法則であった。したがって、中国歴代の皇帝をみると、厖大《ぼうだい》な文書を発出した皇帝もいれば、わずかな量の文書しか発出していない皇帝もいるというように、皇帝の発出文書数は、区々様々であったのであるが、即位詔《そくいのみことのり》だけは、いかなる皇帝も例外なく共通に発出した文書であった。

即位詔には、二種類あった。

一つは、国内向けの即位詔であり、もう一つは周辺諸国に向けて発せられた即位を伝える詔である。

明代皇帝文書の最大の特徴は、「奉天承運皇帝《ほうてんしょううんこうてい》〇曰」という首語《しゅご》である。〇の部分には、基本的には、文書の種類によって、詔・制などの語が入る。したがって、「奉天承運皇帝詔曰」とあれば、それは詔書《しょうしょ》であり、「奉天承運皇帝制曰」とあれば、制書《せいしょ》ということになる。「奉天承運」という文言は、明清時代を通して使用されたが、これは洪武帝《こうぶてい》が創始したものであった。元代においては、「上天眷命《じょうてんけんめい》」という文言であった。洪武帝は、即位すると、これを「奉天承運」（天を奉じ運を承《う》くる）に易《か》えたのであった。その最初の使用例が、右記の即位詔《そくいのみことのり》である。洪武帝《こうぶてい》が即位する以前の呉王《ごおう》時代に発した文書は、「呉王令旨《れいし》」というものであった。

皇帝として最初に振り出した即位詔以後、洪武帝は夥《おびただ》しい文書を発出した。しかし皇帝文書は、皇帝自身が全てを書く訳ではない。それを起草するのは、翰林院《かんりんいん》という役所の仕事であった。だから、即位詔の起草も、当然翰林院が関わった。

ところが、即位詔起草の命令を受け、それがために、「局促不安《きょくそくふあん》」となり、自殺してしまった男がいた。

「局促不安」の局は、せまくする、身体をまげるという意味である。「跼天蹐地《きょくてんせきち》」の跼と同じである。天は高いのに身をかがめ、大地は厚いのに抜き足差し足で歩くの意味から、恐れおののきびくびくすること、ひどく恐れて身の置き所がないこと、世間を憚《はばか》って暮らすことの意味で使われる。「局促不安」も、気が小さくて些細《ささい》なことにも恐れるさま、また不安げでおどおどしているさまを云う。「局促」は「局促として安からず」と訓読する。

方孝孺の最期

明代建文《けんぶん》元年（一三九九）七月四日の燕王《えんおう》の挙兵に端を発した靖難《せいなん》の役《えき》において、戦局の展開を終始優勢に進めて来た燕王は、まる三カ年近くを閲《けみ》した同四年（一四〇二）五月には、江北の揚《よう》州《しゅう》まで進軍するに至った。当時建文政権において実権を握り、戦争指導の中心的存在であった方孝《ほうこう》孺《じゅ》（字《あざな》は希直《きちょく》、遜志《そんし》は自号、正学《しょうがく》は蜀王《しょくおう》の命名。浙江台州府寧海県《せっこうたいしゅうふねいかいけん》の人）は、燕王軍の進軍を食い止めるために、燕王に対して「割地講和《かっちこうわ》」を提案すべく、慶成郡主《けいせいぐんしゅ》を遣《つか》わすが、江北まで達し、京師《けいし》南京《ナンキン》も「指呼之間《しこのかん》」となった燕王が、今更簡単に和議に応じるはずもなかった。

案の定、燕王は、削藩政策《さくはんせいさく》の犠牲になった周王《しゅうおう》・斉王《せいおう》の安否などを尋ねて、建文政権を非難し、「割地講和」に対しても、軍事的行動の目的は、「姦悪《かんあく》を誅《ちゅう》し、朝廷を清《きよ》め、社稷《しゃしょく》を奠安《てんあん》し、骨肉を保全すること」（『奉天靖難記《ほうてんせいなんき》』）にあると、従来からの名分的主張《めいぶんてきしゅちょう》を繰り返して、和平を拒否した。

方孝孺の認識では、ここまで譲歩すれば、和平の交渉は纏《まと》まると踏んでいたのであるが、燕王は初めから和平の交渉を纏める積《つも》りはなかったのである。方孝孺の提案は、燕王に一蹴《いっしゅう》されて、今や燕王軍の渡江・南京総攻撃は、秒読みの段階にはいったのであった。

それから間もなくの六月一三日には南京城は陥落して、建文帝は、城とともに運命を共にし、新しい君主として燕王が、六月一七日に奉天殿《ほうてんでん》で即位するという、まさに時局の大激変を迎えることになった。

この時局の大激変は、多方面にわたって多大な影響を及ぼすことになり、明朝の未来図は、大きく変わっていったのである。

靖難《せいなん》の役《えき》終息にともなう、建文政権の瓦解《がかい》と永楽《えいらく》政権の誕生という政治体制の激変は、直ちにこれまで燕王と対決してきた建文朝の諸臣の身の上に深刻な変化を与えることになった。政権の瓦解という激変に遭遇した建文諸臣の行動様式は、一様ではなく、いち早く燕王に迎降《げいこう》し、新政権への転身を図ったものもいれば、燕王から、奸臣《かんしん》と名指しされて逮捕され処刑されたものもいたし、さらには自ら死を選んだり、逃亡したりなどと、多岐にわたったのである。

方孝孺像（『三才図会』より）

靖難の役の後半期の戦争指導に当たった方孝孺《ほうこうじゅ》の最期は、壮絶であった。六月一三日、李景隆《りけいりゅう》等の裏切りで金川門《きんせんもん》が開き燕王軍が南京に入城すると、方孝孺は捕らえられて獄に下された。
燕王は、北平を発つ前、参謀の道衍《どうえん》から、方孝孺を召用《しょうよう》すること、即位詔《そくいのみことのり》の代草者も方孝孺にすることを薦《すす》められたが、方孝孺は召用されることも代草することも拒んだ。そのため、奸臣として聚宝門《じゅほうもん》外で死刑に処せられた。

方孝孺が、即位詔を起草することを峻拒《しゅんきょ》したために、代わりに呼び出されたのが、方孝孺と同じく金華学派《きんかがくは》に属した翰林院侍読《かんりんいんじどく》の楼璉《ろうれん》であった。方孝孺の伝（巻一四一）に付せられた『明史《みんし》』の楼璉伝によると、

成祖、既に孝孺を殺すや、詔を草するを以って侍読楼璉に属す。璉は金華の人にして、嘗《かつ》て宋《そう》濂《れん》に従い学ぶ。命を承くるも敢えて辞さず。帰りて妻子に語りて曰く、我れ固《もと》より甘んじて死せん、正《まさ》に累《るい》の汝輩《なんじがはい》に及ぶを恐るるのみ、と。其《そ》の夕べ、遂《つい》に自経《じけい》す。或いは曰く、詔を草するは乃《すなわ》ち括蒼王景《かっそうおうけい》なり、と。或いは曰く、無錫王達《むしゃくおうたつ》と云う。


とあり、傍線を付したように、楼璉《ろうれん》が即位詔《そくいのみことのり》を起草したとしている。

ここで、疑問に思うのは、燕王は、書いたらすぐに自殺したような男、楼璉の手になる、いわば血塗《ちぬ》られた即位詔を、果たして採用したであろうか、ということである。

燕王の即位は六月一七日、そして即位詔が公布されたのは七月一日であるから、たとえいったん楼璉が起草したとしても、公布までは時間的余裕があったのであり、別な人に書き直させることは十分可能であったからである。そもそも、『明史《みんし》』方孝孺伝《ほうこうじゅでん》に付せられた楼璉伝は、この間の事情については、委曲《いきょく》を尽くしていないようである。というのは、『革朝遺忠録《かくちょういちゅうろく》』下巻に収める楼璉伝に、『明史』の当該記事を更に詳しくした形で、

靖難《せいなん》の師《し》、京城《けいじょう》を定《さだむ》るや、文廟《ぶんびょう》、方孝孺に命じて詔を草せしむ。孝孺哭《こく》し且罵《かつののし》り、これに筆を授くるも、これを地に擲《な》げて曰く、身死すべきとも、詔は草すべからず、と。改めて璉に命じてこれをなさんとす。方《まさ》に入見《にゅうけん》せし時、孝孺凌遅《りょうち》の刑を受け、未《いま》だ畢《おわ》らず、璉惶懼《こうく》して、命を受けて帰り、而《しか》して憤嘆《ふんたん》す。妻子これに問うて曰く、方先生を傷つくことなきをえんや、と。璉愧《は》じて曰く、我れ刑を受くること尚《なお》可なり、正《まさ》に累爾輩《るいなんじがはい》に及ぶを恐るるのみ、と。逡《しゅん》巡《じゅん》の間《かん》あり、一夕《いっせき》自経《じけい》して死す。

と載せられているのである。これによると、楼璉は「命を受けて帰り」とあるように、いったん即位詔を代草することを承諾したが、結局はその日のうちに自殺したために、起草しなかったとみてよいであろう。『明史』と『革朝遺忠録』とで、このような全く正反対の結論に達するのは、『明史』の楼璉伝の記述は、例えば『革朝遺忠録』のような史料に依拠しつつも、傍線を付した、肝心な妻子との問答の部分など重要な文言を省略したために、あたかも楼璉が起草したかのような書き方になったのにすぎないのである。

つまり、楼璉は、無論燕王の命令を断るつもりで出掛けたが、方孝孺の未だ終わっていなかった凌遅《りょうち》（身体を手足の順に切り取って時間をかけてバラバラにする凌遅処死《りょうちしょし》のこと）の刑の陰惨《いんさん》な様をみて、すっかり怖《お》じけつき、「局促不安《きょくそくふあん》」となり、結局即位詔《そくいのみことのり》を起草することを承諾して帰宅した。そのことを、妻子に話すと、妻子から、「方先生を傷くことなきをえんや」となじられ、楼璉は恥じて、その夕べに自殺してしまった。そのため、楼璉は、即位詔を起草するまでには至らなかったのである。

それでは、起草者はだれかというに、私は、のちに（建文四年〔一四〇二〕七月五日）翰林院学士に昇進した、当時は翰林院侍講《じこう》の王景《おうけい》であったと推測している。

それはさておき、楼璉が、方孝孺の処刑をみて、「局促不安」となり、良心を曲げざるをえないほど、びびってしまったのであるから、凌遅処死というその死刑は、それほど凄惨《せいさん》なものであった。

方孝孺に関する風聞

方孝孺は、このとき四六歳であった。妻の鄭氏《ていし》も逮捕されそうになったので、そのまえに自経して死んだ。方孝孺の遺骸《いがい》は、門人廖《りょうよう》鏞と廖銘《りょうめい》の兄弟（徳慶侯《とくけいこう》廖《りょう》永忠《えいちゅう》の孫）が聚宝門外《じゅほうもんがい》の山上に葬った。南京《ナンキン》錦衣衛《きんいえい》鎮撫司《ちんぶし》の監簿《かんぼ》によれば、方孝孺の宗族《そうぞく》で連座して殺されたものは八一七人。その外、辺地に謫戍《たくじゅ》されたものは無数であったという。

しかし、モンゴル遠征の帰途、永楽二二年（一四二四）七月一八日に永楽帝が、楡木川《ゆぼくせん》で死去すると、仁宗《じんそう》が同年の八月一五日に即位するが、これによって、方孝孺の評価は逆転して忠臣と称されることになった（『革除遺事《かくじょいじ》』巻一、方孝孺伝）。

そのため、遺族は赦《ゆる》されて郷里に還り、祠を建てて方孝孺を祀り、後には知県郭紳《かくしん》の手によって新しくされた。奸臣《かんしん》として処刑された方孝孺は、没後、名誉を回復することになったが、一方ではその惨死《ざんし》に対する奇態《きたい》な風聞《ふうぶん》もまた、流布《るふ》していたのである。

　これについては、二種類の風聞がある。その一つ目は、『遵聞録《じゅんぶんろく》』に載せられている。『遵聞録』は、梁億《りょうおく》撰。梁億は字叔永《しゅくえい》、広東《カントン》順徳《じゅんとく》の人。正徳《せいとく》六年（一五一一）の進士出身《しんししゅっしん》、官は広西参議《こうせいさんぎ》に至った。梁億の伝える風聞の要点を纏めると、つぎの通りである。

①方孝孺先生が未だ生れない時、方孝孺の父は其の祖を葬ろうとし、すでにあらかじめその日を択《えら》んでいた。

②ところが、夜夢の中に、朱衣を着た人が一人現れ、方孝孺の父の前に跪《ひざまず》いて言った。

③明日、祖を葬ろうとしている場所は、吾ら九族《きゅうぞく》の居るところで、ここにすでに数百年居り、子孫の繁衍《はんえん》は数知れない。三日間の猶予を認めてくれれば、ここから徙《うつ》りたい、願わくば仁《じん》恕《じょ》の心を以って、請う所に従わんことを、と言い、言い訖《おわ》ると辞去した。

④明日土を掘り起こしてみると、闊《ひろ》さ六丈ばかりの穴を見つけた。そこには長さ数丈の赤蛇が千余尾もいた。夢に見たところの赤衣である。

⑤方孝孺《ほうこうじゅ》の父は素《もと》より鬼神の事を信ぜず、蛇を見ても考慮せず、また夢の中での言葉も覚えておらず、薪《たきぎ》を積むと火をはなって赤蛇を焚き殺した。

⑥すると、一筋の煙が直接方孝孺の家を指し示した。是の時母親は丁度妊娠中で、数日後に方孝孺が生まれると、その容貌は甚《はなは》だ蛇に類し、舌には両《ふた》つの尖《とん》がりがあり、能《よ》く鼻口に出し入れした。

⑦幼年より穎悟《えいご》で、長ずると宋濂《そうれん》に師事し、官は学士《がくし》に至ったが、九族が誅殺された。これは蛇の報いである。

要するにこの風聞の核心部分は、靖難《せいなん》の役《えき》終息後、方孝孺とその九族が誅殺されたのは、蛇を皆殺しにした報《むく》いである、というのである。

もう一つ、その惨死をめぐる風聞を載せているのは、祝允明《しゅくいんめい》撰の『野記《やき》』である。

祝允明は、一般的には明代の代表的な書家として有名である。出師表《すいしのひょう》や赤壁賦《せきへきのふ》にみられるその絶妙な筆致は、明代第一とも称せられ、その名は文徴明《ぶんちょうめい》とともに著名であった。また出身地（蘇《そ》州《しゅう》）を同じくする文徴明、唐寅《とういん》、徐禎卿《じょていけい》とともに呉中四才子《ごちゅうしさいし》と称された。

祝允明《しゅくいんめい》は、天順《てんじゅん》四年（一四六〇）、蘇州の長洲《ちょうしゅう》に生まれた。字《あざな》は希哲《きてつ》、号は枝山《しざん》、また右手の指が六本あったところから枝指生《ししせい》とも自称した。その祖顥《こう》は、正統《せいとう》四年（一四三九）の進士《しんし》、官は山西布政司右参政《さんせいふせいしうさんせい》に終わった。父は瓛《けん》、母は徐有貞《じょゆうてい》の娘であった。祝允明は、幼いときから穎敏《えいびん》で、五歳にして径尺《けいしゃく》の字を書き、読書すれば、一目で数行を読み下したといわれ、九歳でよく詩をつくった。そのうえ、祖父顥と外祖父徐有貞の影響をうけて、群書を博覧し、稗官雑家《はいかんざっか》から幽遐《ゆうか》嵬瑣《かいさ》の言まで採摭《さいせつ》して、文章を作るや奇気あり、その思索は泉の湧くがごとく、その名声は大いに世を譟《さわ》がすようになった。弘治《こうち》五年（一四九二）郷試《きょうし》に応じて挙人《きょじん》となったが、その後は進士に及第《だい》できず、広東《カントン》の興寧県知事《こうねいけんちじ》に任ぜられた。在任中治績を挙げて、応天府通判《おうてんふつうはん》に遷ったが、間もなく病気を理由に辞職して郷里に帰り、以来自由奔放な生活を送って、嘉靖《かせい》五年（一五二六）一二月二七日、六七歳で卒した。

祝允明の著作には、百余巻があったといわれ、『四庫全書総目提要《しこぜんしょそうもくていよう》』には、蘇材小纂《そざいしょうさん》六巻、祝子罪知録《しゅくしざいちろく》七巻、浮物《ふぶつ》一巻、読書筆記《とくしょひっき》一巻、野記《やき》四巻、前聞記《ぜんぶんき》一巻、志怪録《しかいろく》五巻、懐星堂集《かいせいどうしゅう》三〇巻を挙げ、『明史』芸文志には、蘇材小纂、読書筆記、（九朝）野記、前聞記、懐星堂集の他には、江海《こうかい》殲渠記《せんきょき》一巻、祝氏集略《しゅくししゅうりゃく》三〇巻、小集《しょうしゅう》七巻の名が挙げられている。

さて、方孝孺の惨死に関わる風聞は、諸々の目録に掲げてある『野記』の中に見えるが、その要点を簡単に摘記すると、

①方孝孺の先墓において、初め妖気があり、後に墓を掘ってみると、その冢中《はかのなか》には大蟒《だいぼう》（大蛇）が数千匹もいた。

②そこで、皆はこれを殲滅《せんめつ》せんことを決め、その穴をふさいでしまった。

③ところが、その夕べ、方孝孺の父親の夢の中に、黒衣の媼《おうな》が出て来て、救ってくれれば、徳に報い、そうでなければ、恨に報う、と言った。

④方孝孺の父がよく見てみると、媼の後ろには、無限に男女がいた。
⑤しかし、それでも、翌日、焚殺絶滅《ふんさつぜつめつ》させたところ、その夜、山中では哭声《なきごえ》が聞こえたという。
⑥後の方孝孺の不幸は、まさにこれに因《よ》る。

のごとくである。『遵聞録《じゅんぶんろく》』に載せる風聞と『野記』のそれとでは、かなり食い違いがあるが、方孝孺の九族《きゅうぞく》が誅殺されるという不幸に陥ったのは、その父親が蛇を皆殺ししたことの報いであるという点では一致する。

この点では、一致するものの、風聞としては、『遵聞録』系統のものと、『野記』系統のものが存したのであろう。

ところで、明代後期の史学者として著名な王世貞《おうせいてい》は、その著『弇山堂別集《えんざんどうべっしゅう》』巻二〇、史乗考誤《しじょうこうご》一の中で、野史の弊として三つを挙げ、その一つに「軽聴而多舛《けいちょうにしてあやまりおおし》」なるものとして、枝山野《しざんや》記《き》、翦勝野聞《せんしょうやぶん》を槍玉《やりだま》に挙げている。

王世貞《おうせいてい》は、『弇山堂別集』全一〇〇巻のうち、巻二〇から巻三〇までの一一巻を史乗考誤に充《あ》て、いずれも当代一流の名士の手になる掌故瑣記《しょうこさき》の書を取り上げて、あますところなくその誤謬《ごびゅう》を指摘している。とりわけ、枝山野記、つまり祝允明《しゅくいんめい》の『野記』については、史乗考誤の中で、随所にその誤りを列挙して完膚無《かんぷな》きまでにその誤謬を訂正している。ところが、祝允明が載せる方孝孺の惨死をめぐる噂については、野史《やし》を目の敵《かたき》にしたかのように、その誤謬を指摘した王世貞も、何も言及していないのである。

勿論、噂は、あくまでも噂であって、真実とは限らない。したがって、これについて、王世貞が槍玉に挙げなかったから、当該記事の信憑性を認めたということを意味するわけではない。

ただ、梁億、祝允明の二人が、この話を書き留めていることは、かれらが、この風聞に大変興味を抱いたことを物語っている。この風聞は、もともと一つの話が二つの系統に別れて流布したか、あるいは初めから二つの系統で流布したか、は直ちには確定できないが、そのいずれであるにせよ、方孝孺の惨死は、洪武九年（一三七六）に発生した空印《くういん》の案《あん》に巻き込まれて京師《けいし》で獄中死した、父克勤《こくきん》（同年一〇月二四日死去、享年五一歳）の生前の行為に、その原因を帰せられており、方孝孺自身にとっては、不可避のどうしようもない因縁話として、当時の人々は、理解していたようである。

つまり、この風聞は、正徳《せいとく》から嘉靖《かせい》初期にかけての時代には、すでに方孝孺に対する虚像ができつつあったことを物語るものである。

8 傾城傾国《けいせいけいこく》——西施《せいし》・楊貴妃《ようきひ》・花魁《おいらん》

西施《せいし》。

中国春秋時代、越《えつ》の美女の名である。

西施があまりに美人なので、近所の醜女《しこめ》が、どのようにすれば、あんな美人になれるかと考え、西施が胸を病んで病む胸を手で押さえ、眉をひそめて歩いているのをみて、自分もそれをまねすれば美しく見えると思って顔をしかめたところ、人が気味悪がったという。人まねするのを、顔をしかめることをまねる、すなわちむやみに人まねするというときに使う顰《ひそみ》に倣《なら》うという言葉は、これが語源である。

同じく眉をひそめるにしても、西施と醜女では雲泥の差がある。同じ行いでも、人や場合により価値に差が生まれるという場合、「西施捧心《せいしほうしん》」（西施心を捧ぐと訓読する）と云う。また病気に悩む美女の様子にも「西施捧心」が使われる。

さて、父の允常《いんじょう》が没した後、越の王位を継いだ勾践《こうせん》は、呉王闔閭《ごおうこうりょ》と檇李《すいり》（浙江《せっこう》）で戦い、闔閭を打ち破った。闔の子夫差《ふさ》は、敗死した父の仇を討たんと毎夜薪《たきぎ》の上に寝て仇討ちの意を固めたという。周《しゅう》の敬王《けいおう》二六年（前四九四）、勾践は范蠡《はんれい》の諫言《かんげん》を無視して、機先を制すべく、夫差を討とうとしたが、呉の夫椒山《ふしょうざん》で破れ、会稽山《かいけいざん》に逃れた。呉軍の追撃に抗しきれずに、ついに勾践自身は呉王の臣下となり、妻は召使いになりましょうと命乞いして降伏した。復讐の念に燃えた勾践《こうせん》は苦い胆《きも》を嘗《な》め、「会稽之恥《かいけいのはじ》」（敗戦の屈辱、または人から受けた忘れられないほどの屈辱のこと）を雪《そそ》ぐ決意を新たにしながら「富国強兵《ふこくきょうへい》」に努めた。そのとき、夫差《ふさ》の色好みを知って、勾践は西施を呉王夫差に献上した。夫差は、西施の色香《いろか》に迷って政治を怠り、勾践に滅ぼされることになった。

ついでに付け加えれば、西施は、このように呉国を滅ぼすに至るほど大変な美人ではあったが、大根足であるのが欠点であったという。また、冬の珍味フグの異名を西施乳《せいしにゅう》というそうだ。フグの腹の白い部分を西施の乳房に譬《たと》えたものではないかと云われている。

西施図（『中国仕女百図』より）

楊貴妃《ようきひ》。

玄宗《げんそう》と楊貴妃とのロマンスは、白楽天《はくらくてん》の「長恨歌《ちょうごんか》」にも歌われ、大変有名であるが、実際はどろどろしたものであった。楊貴妃は、本名を楊玉環《ようぎょくかん》という。玄宗の一八番目の息子の嫁であった。玄宗は、これをあるとき見初《みそ》めて強引に自分のものにしてしまうのである。いったん離婚させて、出家させ、その間若干の時間を稼いで、それから自分の後宮《こうきゅう》に入れ、貴妃の地位を与えた。このとき玄宗は六〇才、楊貴妃は二六才。楊貴妃というと、中国史上最も有名な美人ということになっている。彼女のお風呂好みも有名で、その浴池といわれる華清池《かせいち》が西安《せいあん》に残っている。お風呂好みの訳は、どうも腋臭《わきが》のせいであったようだ。玄宗も気を使って香料の入った匂い袋を時々プレゼントしたと云われている。

また、楊貴妃は、虫歯に悩んでいた。その疼《うず》きに、時折、顔を顰《しか》めていて、そのコケティッシュな様子が、なんとも魅惑的《みわくてき》でたまらぬと、ますます玄宗は楊貴妃にのめり込んでいった。楊貴妃の虫歯の原因は、茘枝《れいし》の食べ過ぎがたたったのであった。楊貴妃は無類の茘枝好きであった（茘枝は別名を妃子笑という）。玄宗は、その季節になると、楊貴妃のために、もぎたての新鮮な茘枝を人民の迷惑なんぞおかまいなしに産地から直送させた。茘枝の産地は、現在の地名でいうと、広東《カントン》、福建《ふっけん》など長安《ちょうあん》から遥か彼方《かなた》の遠隔地であった。しかも茘枝は、ただでさえ風味の失われやすい食べ物であるから、昼夜兼行の超特急で運ぶ必要があり、その苦労と費用は甚大なものがあった。

玄宗は、楊貴妃の引きで安禄山《あんろくざん》を寵用《ちょうよう》した。ところが、これが大失敗であった。安禄山に反乱を起こされ、玄宗はあわてふためいて長安から四川《しせん》に逃げ込んだ。

玄宗は、その治世において、三度改元した。先天《せんてん》、開元《かいげん》、天宝《てんぽう》である。即位当初は政務に精勤し

華清池（復元された浴殿）

たので、その時代のことは「開元之治《かいげんのち》」と云われて称賛されているが、治世の後半になると、政治に飽きたのか、それとも楊貴妃の色香に溺《おぼ》れたためか、惨憺《さんたん》たるものであった。名君の資質を持ちながら、それになり損《そこ》ねたのである。

　このように、その美貌で人心を惑わし、国や城を傾け滅ぼすことを、「傾城傾国《けいせいけいこく》」または「傾国傾城《けいこくけいせい》」という。この四字熟語では城を「じょう」と読み誤らないことが肝要である。「一顧傾城《いっこけいせい》」、「一顧傾国《いっこけいこく》」、「傾国美人《けいこくびじん》」はこの類語である。

「傾城傾国《けいせいけいこく》」は、漢代武帝《かんだいぶてい》の時代に、李延《りえん》年《ねん》が、自分の妹を帝に進めるときに作った歌に、

北方に佳人《かじん》あり、絶世にして独り立つ。

一顧すれば人の城を傾け、再顧すれば国を傾く。寧《いず》くんぞ傾城と傾国とを知らざらんや。佳人再び得難《えがた》し。

とあるのに由来する（『漢書《かんじょ》』外戚伝《がいせきでん》）。

絶世はこの世で並ぶものなくすぐれていること、独立は他から離れて独りそびえ立っていること。「絶世独立《ぜっせいどくりつ》」単独でも美人や優れた人についての形容となる。「一顧傾国」・「一顧傾城」の一顧は、ちらりと振り返る、ちらりと流し目で見るという意。美女が一度ちらりと流し目で見るだけで、君主がそれに溺れて、国を傾け滅ぼしてしまうことを云い、絶世の美女の譬えとなった。これに関連した四字熟語として、美人がひとたびほほ笑《え》めば、千金に値するという意味の「一笑千金《いっしょうせんきん》」がある。

しかし、城を傾け、国を傾けるのは、絶世の美女だけではない。

『詩経《しきょう》』大雅《たいが》には、

哲夫《てっぷ》は城を成し、哲婦《てっぷ》は城を傾く。

とある。哲婦は賢い婦人。賢すぎる女性があれこれ口出しすると、家や国を滅ぼしかねないということ。婦人が利口すぎることが災いを招くことの譬えに使われる。ことわざの、「雌鶏うたえば家滅ぶ」もその類語だ。めんどりがおんどりに先んじて朝のときを告げるのは、不吉な兆《きざ》しである。妻が夫に代わって権勢を振るうような家はうまくいかず、滅ぶものであるという譬えである。

これと同じものが英語にもあるそうだ。

It is a sad house where the hen crows louder than the cock.

「雌鶏が雄鶏よりも大きな声で鳴く家はよくない家である」という意味になる。妻の権力が夫より強い家庭を望ましくないとする譬えである。

どうも、賢すぎる婦人と絶世の美女には、分《ぶ》の悪い四字熟語、ことわざを並べ立てたので、それこそ顰蹙《ひんしゅく》を買いそうなので、もうここら辺《あたり》でやめたほうが無難かもしれないが、もう少し続ける。

江戸時代の洒落本《しゃれぼん》には、『傾城買言告鳥《けいせいかいいうつげとり》』、『傾城買四十八手《けいせいかいしじゅうはって》』、浄瑠璃《じょうるり》の事例を挙げるならば、『傾城島原蛙合戦《けいせいしまばらかえるがっせん》』、『傾城無間鐘《けいせいむけんのかね》』というように、傾城を冠した作品が夥《おびただ》しくある。これら傾城の意味は、遊女、女郎のことである。近世にはとくに太夫《たゆう》（花魁《おいらん》）、天神《てんじん》など上位の遊女を指した。

中国では絶世の美女、日本では遊女、花魁のことを云うのである。

同じ漢字を使うにしても、国語と漢語とでは、全く意味が異なる事例が少なくない。例えば、故人は国語では死んだ人であるが、漢語では旧友、昔なじみ。遠慮は国語では物事を控えめにすることであるが、漢語では遠い将来まで見通した深い考えの意味に用いる。

このように、国語と漢語とでは、全く別な意味に使われることがあるが、傾城の場合、絶世の美女を指すこの言葉が転じたものとされている。ことわざに、

傾城《けいせい》の靨《えくぼ》にはまる家屋敷

傾城の恋は金持って来いのこい
傾城買いの糠《ぬか》味噌汁
傾城は金次第

などがあり、遊女遊びは家産を傾ける遊びであった。そのような意味では、「傾城傾国」からも遠くないのである。

遊女・女郎に初めて会うのを初会《しょかい》、二度目がウラ、三度目を馴染《なじ》みと云った。また、「ウラをかえさぬはお客の恥、馴染みをつけぬは花魁の恥」と云った。そうではあるが、初会の客は、敵娼《あいかた》に待たされて焦《じ》らされるのが定石《じょうせき》であった。

初会には道草を喰ふ上草履《うわぞうり》

約束した遊女がなかなかあらわれず、廊下の音に耳をすまして、じれている初会の客をからかった句である。それでも、三回目になると、初めて「馴染み客」の扱いになる。

遊女は、「禿立《かぶろだち》」、「新造《しんぞう》」、「花魁《おいらん》」の順番で立場が変わっていった。五歳ぐらいから七、八歳ころまでに廓《くるわ》へ入って姉女郎の召使いになり、雑用をしながら芸事をみっちり仕込まれる。この時期が「禿立」である。一三、四歳になると、姉女郎の計らいで、「新造」として華やかに遊女のお披《ひ》露目《ろめ》をした。「新造」が年季《ねんき》を積むと、晴れて「花魁」になる。

良い遊女の条件は、張合《はりあい》があること、情の深いこと、容色が美しいこと、三味線などの歌舞音曲に優れていること、であった。どんな金持ちであろうと、熱心に通ってくる客であろうと、野暮《やぼ》な客であれば、ふる。これが「張合」また「張《はり》」である。江戸時代の通人の願いは、「京都の女郎に江戸の張を持たせて、長崎の夜具で大坂の揚屋《あげや》で遊びたい」というものであったと云われる。

幕府は、吉原を公認の江戸唯一の遊里とした。品川、板橋、内藤新宿、千住《せんじゅ》などの宿場、根津、深川、本所、音羽など他の「岡場所《おかばしょ》」（岡は仮の意味）と呼ばれる里には飯盛女《めしもりおんな》の名で、私娼を置くことを許した。

吉原はそのような特別な遊里であったから、「張《はり》と意気地《いきじ》の吉原」を売り物にすることができたのである。

9　黄衣廩食《こういりんしょく》――琉球閹人《りゅうきゅうえんじん》・「ラスト・エンペラー」・鄭和《ていわ》

永楽《えいらく》四年（一四〇六）、琉球国《りゅうきゅうこく》は、突然数人の閹人《えんじん》（去勢された男）を明廷に進献してきた。

永楽帝は、礼部に返還を命じたが、礼部は、閹人を返還することは、「遠人の帰化の心」を阻むものと懸念《けねん》し、勅書《ちょくしょ》を賜いて再進をやめさせたらよいのではないかと上奏した。しかし、永楽帝は、今遣わし返さなければ、自分に媚びて、必ず踵《くびす》を接して進献して来るだろう、「天地は万物を生かすを以て徳となす。帝王は乃ち人類を絶つべけんや」と言い、ついに琉球に送り返させたのであった。

琉球に対しては、このような寛大なる処置をしたが、同じ藩属国《はんぞくこく》であった李氏朝鮮《りしちょうせん》や安南《あんなん》（ベトナム）に対しては、琉球の閹人にかけたような慈悲をもって接することはなかった。むしろ、毎年のように、大量の閹人の進献を強要したのであった。例えば、琉球国の閹人を送還した翌年には、安南から三千という大量の閹人を取っているのである。このような明廷の藩属国への閹人の進献強要は、常態であったのである。

琉球国も、それに刺激されて、かつ忠節を誓う意味で進献を行ったのであった。

それでは、明廷は、なぜかくも大量の閹人の進献を藩属国に要求したのであろうか。閹人の調達方法は多種類あり、例えば、捕虜や犯罪者を閹割《えんかつ》するというのも、その一方法であったが、宦官《かんがん》の多様なる職務をこなすには膨大な閹人を要したのであり、李朝や安南に対して恒常的な要求となっていたのであった。

多様な職務をこなす宦官は、別に「黄衣廩食《こういりんしょく》」とも言った。これは、司馬光《しばこう》の『資治通鑑《しじつがん》』唐《とう》紀《き》に由来するが、黄衣を着て俸禄《ほうろく》を受ける者という意味である。

黄色の服といえば、すぐに皇帝の着る上衣、つまり黄袍《こうほう》のことを連想しがちである。現に、かなりヒットした「ラスト・エンペラー」という映画で、幼い宣統帝溥儀《せんとうていふぎ》が、弟の溥傑《ふけつ》に対して、「お前は今日なぜ黄色い服を着ているのだ」となじるシーンがあったように記憶している。黄衣はまた、僧侶や道士《どうし》、また宦官も身につけたようである。黄衣に由来する訳ではないが、宦官のことは黄門《こうもん》ともいった。水戸光圀《みとみつくに》のことを、「一知半解《いっちはんかい》」の中国人ならば、去勢《きょせい》されて宮中に仕える男と勘違いしないとも限らないであろう。

廩食とは扶持米《ふちまい》、または扶持米を貰うことをいうが、官から扶持米を貰う宦官がこなした様々な職務について、以下、明代の場合を例にとって略述してみよう。

内廷宦官

宦官の最大の特徴は、その生殖能力を欠くことである。そのことは、皇帝の血統の純粋性を保つために都合が良かったから、後宮《こうきゅう》での奉仕を職務としたのであった。後宮の使用人としての宦官の職務を大別すると、三つに分けることが出来る。

①宮廷生活運営のための官で、衣食住の管理調達の他、宮廷内の冠婚葬祭等の進行を職としたもの。

これに当たるのは、一二監・四司・八局からなる二四衙門《がもん》である。明末の宦官劉《りゅう》 若愚《じゃくぐ》の書いた『酌中志《しゃくちゅうし》』に基づいて、三田村泰助《みたむらたいすけ》氏の『宦官』（中公新書）に紹介されているので、一般によく知られるようになったが、一二監とは、司礼監《しれいかん》・内官監《ないかんかん》・御用監《ごようかん》・司設監《しせつかん》・御馬監《ぎょばかん》・神宮監《しんきゅうかん》・尚《しょう》膳監《ぜんかん》・尚宝監《しょうほうかん》・印綬監《いんじゅかん》・直殿監《ちょくでんかん》・尚衣監《しょういかん》・都知監《とちかん》、四司とは、惜薪司《せきしんし》・鐘鼓司《しょうこし》・宝鈔司《ほうしょうし》・混堂《こんどう》司《し》、八局とは、兵仗局《へいじょうきょく》・銀作局《ぎんさくきょく》・浣衣局《かんいきょく》・巾帽局《きんぼうきょく》・針工局《しんこうきょく》・内織染局《ないしょくせんきょく》・酒醋麪局《しゅそめんきょく》・司苑局《しえんきょく》のことである。

この他、二四衙門には入らないが、同じく生活運営の職に当たるものとして、霊台《れいだい》（天文）、御《ぎょ》酒房《しゅぼう》（竹葉青等の酒を造る）、牲口房《せいこうぼう》（珍獣の類を収める）、更鼓房《こうこぼう》（時刻を伝える）、甜食房《てんしょくぼう》（菓子を作る）があった。

②宮廷内で使用される器物やその製造のための資材、並びに賞賜のための財物を貯蔵しておく倉

庫を管理する庫蔵《こぞう》の職。

この代表的なものは、内府供用庫《ないふきょうようこ》と司鑰庫《しやくこ》・内承運庫《ないしょううんこ》である。内府供用庫は、皇城内の二四衙門や山陵を管理する宦官の職米を蔵した。司鑰庫は、宝源局《ほうげんきょく》で鋳造《ちゅうぞう》された制銭（銅銭）を収め賞《しょう》賜《し》の用に備えた。乾清宮《けんせいきゅう》や東華門《とうかもん》・午門《ごもん》の鎖鑰《さやく》（錠前）は、みな司鑰庫の監工が五更三点（午前五時十分頃）に宮中より発出し、門を開き、それが終わると、鑰はすぐに戻された。内承運庫は金銀沙羅象牙珊瑚《さらぞうげさんご》等の類を蔵した。

庫蔵には、他に甲字庫・乙字庫・丙字庫・丁字庫・戊《ぼ》字庫・承運庫・広運庫・広恵庫・広積庫・贓罰庫《ぞうばつこ》の一〇庫等があった。

③宮城にある各門の開閉・出入りの検察を行う門官の職。

正陽門・永定門・崇文門《すうぶんもん》・左安門・広渠門《こうきょもん》・東便門・宣武門・右安門・広寧門・西便門・朝陽門・東直門・阜成門《ふせいもん》・西直門・徳勝門・安定門の宮城内外の一六門に、それぞれ掌門官一名と管事一〇余名が配置されていた。

このように、内廷宦官は、皇帝に近侍して仕えたので、寄生的権力集団として実権を掌握する場合が多かった。とくに司礼監《しれいかん》は、皇帝と内閣の間を行き来する行政文書を管理する立場から、皇帝の批答《ひとう》を改竄《かいざん》することも可能であり、影の内閣とまで称せられた。したがって、その長である司礼《しれい》監太監《かんたいかん》は、内廷随一の権勢を持ち得た。王振《おうしん》・劉瑾《りゅうきん》・魏忠賢《ぎちゅうけん》等政治を壟断《ろうだん》して害毒を流した大宦官たちは、いずれもこの地位にあった。

在京宦官《ざいけいかんがん》

本来、宦官は内廷にいて、皇帝・后妃のそばに仕え、ともに宮城という限られた空間の中で生活するものであった。紫禁城《しきんじょう》で生まれた皇帝は、それこそ死ぬまで、宦官とともに暮らしていたことになるのである。

このような日常生活の応対の中から、皇帝と宦官とは自然に信頼関係が生まれ、この信頼関係をもとに、皇帝が、宦官に特別の任務を与えることによって、宦官の職務は、飛躍的に拡大した。このうち、内廷を出て、京師《けいし》において種々の任務についたものを在京宦官、各地方に駐在した宦官を在外宦官と、仮に呼称することにするが、前者に関する主たる職務は、

①皇帝が直接知ることができない宮城の外の情勢や官僚の動向を探る諜報組織《ちょうほうそしき》の運営

②禁軍への関与

に大別できる。

①の諜報組織として京師に設置されたのは、東西廠《とうざいしょう》と内行廠《ないこうしょう》である。

常設の組織は、東廠《とうしょう》だけであったが、これは永楽一八年（一四二〇）、すなわち北京遷都の詔が出された年に設置され、司礼監太監のうちの一人がこれを提督し、捜索・逮捕・刑獄を司《つかさど》った。

西廠《せいしょう》は、成化《せいか》一二年（一四七六）に汪直《おうちょく》を提督とした時と正徳《せいとく》九年（一五一四）谷大用《こくだいよう》を提督とした時の二度設置された。内行廠も、正徳年間に劉瑾《りゅうきん》が設けたもので、北京市民は、そのやりくちが東西廠よりも苛酷《かこく》であると大いに恐れた。たとえば、勅旨《ちょくし》と称して、北京城内の浮浪者はもとより、酒場のボーイ・磨《と》ぎ屋《や》・水売りなどまで城外に放逐《ほうちく》した。また、天子のお膝下《ひざもと》を清《きよ》めると称して、寡婦《かふ》は悉《ことごと》く再婚させるとか、葬式を済ませない棺は焼き捨てるとかの命を下したので、北京中に流言が飛び、人心は騒然となり、暴動の一歩手前まで行ったことさえあった。これらの組織が、皇帝直属の錦衣衛《きんいえい》と協力して、城内外の巡察《じゅんさつ》、犯人の逮捕尋問を行ったのである。

②禁軍《きんぐん》への関与は、在京の京営《きょうえい》を監督する提督への任用である。

京営とは行軍《こうぐん》組織《そしき》をいい、明初は五軍営《ごぐんえい》・三千営《さんぜんえい》・神機営《しんきえい》の三大営《さんだいえい》であり、この段階では宦官《かんがん》の関与はなかった。しかし、王振《おうしん》に唆《そそのか》された英宗が親征軍《しんせいぐん》を率いてオイラート討伐に出発して、逆に土木《どぼく》の変《へん》で大敗を喫し覆滅《ふくめつ》すると、新たに十団営《だんえい》が作られ、さらに成化期には十二団営に改編されたが、団営には設立の当初から宦官が関与し、文官・武官と共に提督の一員として最高首脳のポストを占めた。さらに京営の各営に宦官を監督役として送り込んだのである。したがって、宦官が団営を掌握して隠然《いんぜん》たる力を持つことも稀ではなかった。正徳期、宦官の張永《ちょうえい》は、専権を欲しいままにしていた司礼監太監の劉瑾を打倒したが、これは張永が団営を後《うし》ろ盾《だて》にしていたために成功したのであった。

在外宦官

歴代の王朝においても、一時的な宦官の地方派遣はあったであろうが、常駐は明代の一大特徴であったといえる。

地方駐在の宦官の職務は多岐に亙り、南京《ナンキン》には鄭和《ていわ》も就任したことのある南京守備太監があり、福建《ふっけん》・広東《カントン》には提督市舶司太監《ていとくしはくしたいかん》、広東の真珠産池には珠池奉御《しゅちほうぎょ》、漕運《そううん》の拠点には管倉内官《かんそうないかん》、蘇松《そしょう》地方には織造太監《しょくぞうたいかん》、江西饒州《こうせいじょうしゅう》には焼造太監《しょうぞうたいかん》、各辺衛と各布政司には鎮守宦官《ちんしゅかんがん》、税監《ぜいかん》等が常駐していた。これらの諸宦官の手によって、皇帝の求める財物の調達、商税や礦税《こうぜい》の徴収の監督、地方軍隊の監督と指揮等の特殊任務に従事したのであった。

このように、宦官は、内廷・在京・在外と至るところに網の目のように張り巡らされた存在となり、皇帝の耳目、あるいは手足となって、諜報・監督のみならず行政・軍政等のあらゆる部門まで進出していたのである。

王府・公主府の宦官

雲南《うんなん》出身の宦官で、中国史上最大の著名人は、南海遠征の鄭和であろう。洪武《こうぶ》四年（一三七一）雲南昆陽《こんよう》に哈只《ハジ》（アラビア語のhajiの音訳で、イスラム教の聖地メッカに巡礼した人の意味）の次男として生まれた鄭和（旧姓馬氏）は、俘虜《ふりょ》として京師に連れてこられたのち、北平王府の燕王《えんおう》に宦官として仕えた。靖難《せいなん》の役《えき》の終息後、燕王が即位し、永楽帝になると、従軍の功によって内官監太監《ないかんかんたいかん》に起用され、鄭姓を賜わったのであった。鄭和が、明軍の捕虜となったのは、その雲南平定戦の結果であった。明軍の主力は、洪武一七年（一三八四）三月、捕獲した大量の人馬を土産に帰京したが、鄭和が明軍の雲南平定戦の結果としての俘虜として南京《ナンキン》に連れてこられたのは、この時のことで、閹割《えんかつ》された上、雲南平定戦で活躍した穎川侯《えいせんこう》の傅友徳《ふゆうとく》に賜与された。しかしながら、傅友徳は、鄭和の聡明怜悧《れいり》さ・俊秀・行動の軽快さを見て、燕王に献上したのであった。鄭和、一四歳のときのことであった。

この鄭和の事例を見ても解るように、王府にも宦官が置かれていた。王府の典服所《てんふくしょ》等の役所に配属されたのである。ちなみに、その典服所所属の宦官をみると、司寇《しこう》（一名）・司衣《しい》（三名）・司佩《しはい》（一名）・司履《しり》（一名）となっている。

王府が、皇帝の息子である親王が重要地方に賜った邸宅のことであるのに対して、娘の賜った邸宅は、公主府《こうしゅふ》といったが、ここにも司正《しせい》・司副《しふく》という職名で雑職をこなす宦官が配属されていた。

功臣家の火者《ホジャ》

以上、内廷宦官から公主府の宦官までを概観してきたが、これらが、いわゆる宦官と呼ばれるものであった。つまり、閹人《えんじん》の中でも、王府・公主府を含めた官的機構の中にいたものが宦官と呼称されるべき存在であったのである。それでは、これらの官的機構に抱え込まれなかった閹人、つまり閹人でありながら宦官でないものがいたかということになるが、それもまた夥《おびただ》しく存在していたのである。閹割された捕虜・犯罪者、外国からの進献閹人、自らの意志で閹割したもの、あるいは口減らしで閹割されたもの等、それぞれ閹割に至る事情は異なるけれども、膨大に存在した閹人の中で、民間の功臣家等にいたのが、火者《ホジャ》と呼ばれるものであった。これらは、官的機構ではないので宦官とは呼称されなかったのである。

火者は、インドで宮廷に奉仕した宦官や一般の閹割者をさすkhojah（コジャ）の訛ったもの、すなわち、宦官＝火者《ホジャ》＝閹割者とみなされているが、明代においては、宦官と火者とでは、その境遇が全く異なっていた。そのため、前述の鄭和の場合、傅友徳から燕王に贈られたので、火者から宦官になりえたのであったが、逆に罪に連座して宦官から火者に落とされたものもいたのである。そのように、火者というものは、宦官《かんがん》とは存在形態が異なっていたが、火者の所在は限定され、それがいたのは、皇帝から賜与された家だけであった。皇帝による封爵家《ほうしゃくけ》その他に対する賜与品として放出されたからであった。

賜与された家では、身辺護衛・子弟の教育・荘園《そうえん》の耕作・小作料の管理・家作の管理等、あらゆる家政処理に使役したのであった。したがって、富豪家等でも、このような火者が欲しくても、勝手に他人を閹割《えんかつ》して、火者として私邸で使役することができたわけではなかった。そのようなことをすれば、たちまち処罰されたのであった。

宦官の条件

明朝《みんちょう》と高麗《こうらい》との宗属《そうぞく》関係が成立したのは、明の洪武三年（高麗恭愍王《きょうびんおう》一九、一三七〇）五月のことであった。洪武帝は、洪武二四年（高麗恭譲王《きょうじょうおう》三、一三九一）四月二五日に宦者前元中政院使韓《かん》龍《りゅう》・黄禿蛮《こうとくばん》等を高麗に遣わし、馬一万匹の交易を命ずるとともに二百名という大量の閹人を求めたのであった。その翌年、高麗は、親明派の李成桂《りせいけい》が国王を廃したために三四代四七五年で滅ぶことになるが、李朝もまた高麗のときと同様に、明から毎年のように閹人を要求され、進献したのであった。

だが閹割したのであるならば、どのようなものでも進献してよかったわけではない。明廷の要求では、「年少にして無臭気の者」、あるいは「麗《うるわ》しく賢《さと》い者」という条件が付されていた。永楽帝が、永楽五年（一四〇七）、安南《あんなん》から三千名の閹人をとったことは前述したが、「皆昏愚《こんぐ》にして用無し」と罵倒《ばとう》している。宦官として近侍させるのであれば、聡明であること、美少年であることが好ましかったのであろう。

鄭和が捕虜として雲南から中国に連れてこられた時、同年配にして、同じく閹割された雲南人で、火者《ホジャ》として藍玉《らんぎょく》の私邸で家政処理に当たっていたものとして興旺《こうおう》・張海彭《ちょうかいほう》・保住《ほじゅう》等の名が知られるが、鄭和が宦官となり、栄誉に包まれた生涯を送ったのに対して、興旺等が藍玉家の火者として藍玉の獄に連座して殺されるという、その人生の明暗を分けたのは、まさに聡明怜悧《れいり》・俊秀であったか否かということに、そのキーポイントがあったと言えないこともない。

このことは、とりもなおさず、宦官集団の中で出世の階段を歩いて行く上での基礎的要件でもあったと言えるであろう。

10 光禄池台《こうろくちだい》 —— 紫禁城《しきんじょう》・火災・西洋医学

大田区なら田園調布、世田谷区なら成城学園、渋谷区なら松濤《しょうとう》あたりにある邸宅のことを四字熟語風に言えば、「光禄池台《こうろくちだい》」がそれに該当しよう。

これは、漢代《かんだい》の光禄勲《こうろくくん》であった王根《おうこん》の邸宅が大層立派であったことに由来する。光禄は、王根自身を指し、「池台」は、庭の池の中、または池のほとりに築いた建物のことを指すが、王根は、元《げん》帝《てい》の外戚王鳳《がいせきおうほう》の弟であったので、贅《ぜい》をこらした見事な邸宅を建てることができたのであろう。

しかし、田園調布あたりの邸宅が、どんなに立派といっても、皇居と比ぶれば、「雲泥万里《うんでいばんり》」の違いがある。それと同様に、王根の邸宅と宮城とでは、「天淵之差《てんえんのさ》」があった。明清《みんしん》時代においては、皇帝の住まいは、紫禁城《しきんじょう》と呼ばれたが、そこで裏方として働く人々の様子を見ただけでも、王根の邸宅とは、まさに「霄壌之差《しょうじょうのさ》」があった。

紫禁城の一日の始まりは早かった。

まだ朝ぼらけの午前四時には、早朝《そうちょう》・晩朝《ばんちょう》・午朝《ごちょう》のうちの早朝が開始された。朝早く官僚たちが続々と集まってくる紫禁城内には、朝房《ちょうぼう》と各門以外、灯火はなかったので、『北京建置談薈《けんちだんわい》』

に、「戊夜《ぼや》（午前四時）、朝《ちょう》に趨《おもむ》くに皆暗行して入る」とあるように、暗闇《くらやみ》のなかを歩いて入った。しかしながら、紫禁城には、もともと灯火の設備が欠けていたわけではなく、照明は本来石台の銅炉に油を注ぎ、それを燃やすという方法を取っていたのであった。

ところが、明代後期に魏忠賢《ぎちゅうけん》なる宦官《かんがん》が政治を壟断《ろうだん》したとき、これを全部廃止してしまい、清代になっても、復活することがなかったので、官僚たちは暗闇の中を用心しながら歩かざるを得なかったわけである。ただ、親王と堂上官《どうじょうかん》（各衙門《がもん》の長官ないしこれに準ずるもの）と軍機大臣《ぐんきだいじん》だけは、明かりを提げて入城することが許されていた。それ以外の官僚たちは、闇夜を歩いてこなければならなかったので、時には不運な事故が起こることもあった。例えば、光緒《こうしょ》初年の大雨の或る日、摺本《しょうほん》を抱え持った筆帖式《ビトヘシ》が、夜闇を歩行中増水した内河に墜《お》ち溺死《できし》したことはその一例である。

紫禁城の維持管理のために働く人々

紫禁城の一日は、このようにまだ暗夜の時間帯から始まった。それに呼応して、紫禁城の日常を支える人々の一日の始まりも極めて早かったのであった。だが職種によっては、二四時間に亙って任務に就いていたのであり、紫禁城は、むしろ「眠らぬ宮城」と言った方が妥当であった。

門番　紫禁城各門開放の時間は、清代初期においては午前二時、後には夜明けの物の白黒が識別

紫禁城（景山よりの鳥瞰）

できる時となった。白昼は、護軍営《ごぐんえい》所属の護軍が軍器・腰刀《ようとう》を持って門を守っていた。また別に門ごとに、紅棒《こうぼう》を持った護軍二人が門の外側に坐し、親王以下の出入りにも、起立する必要はなかった。勝手に門に入ってくるものがおれば、直ちに棒で叩き撃退した。各門が閉まるのは日没時で、カギがかけられた。各門のカギの点検とその収蔵を職務とした職官を司鑰章京《しやくジャンギン》といった。毎夕、景運門司鑰章京は、後左門・後右門・中左門・中右門・左翼門・右翼門・太《たい》和門《わもん》・昭徳門・貞度門《ていたくもん》の順番で、閂《かんぬき》と錠とがきちんと施されているかを確認して回った。

　これら以外の、午門《ごもん》は隆宗門《りゅうそうもん》護軍参領《ごぐんさんりょう》が、東華門は蒼震門《そうしんもん》護軍参領が、西華門は啓祥門《けいしょうもん》護軍参領が、神武門《しんぶもん》は吉祥門護軍参領が確認し、それが終わると、それぞれ景運門司鑰章京に報告しカギを返した。さらに端門《たんもん》・天安門・大清門《だいしんもん》・長安左門・長安右門に関しては、値班《ちはん》護軍参領が門と錠の確認をし、闕左門《けっさもん》司鑰章京に報告した。

このように、毎日夕方には門が閉められ、門と錠が施された。夜間に皇帝の命令で派遣される時や緊急な軍務の時は、大内の皇帝の手元に所蔵されている陽（表）に「聖旨《せいし》」との二字を彫り付けた鍍金《めっき》の合符《ごうふ》を帯同し、景運・隆宗・東華・西華・神武の各門に預けられている陰の方と合わせて、陰陽が合致すれば、門が開けられた。合符の陰陽が合致するかどうかの確認は、上記各門の直班護軍の統領・参領が行った。ただ、合符の陰の方が預けられていない蒼震門・啓祥門に陽の方を帯同して来た場合は、護軍参領が陰の方が預けてある門の統領に報告し、それを自ら齎《もたら》し、陰陽が合致すれば門を開き、翌日その一件を具奏した。なお、皇帝がたまたま巡幸し不在の場合は、留《りゅう》守《しゅ》の弁事大臣《べんじだいじん》に預けて交替で看守させ、皇帝が帰還すれば、直ちに返納した。このように門の開閉にかかわる事項の管理は、極めて厳重であった。

警備　厳重であったのは、門の開閉にかかわることだけではなかった。紫禁城のあらゆる門の周辺には、官兵を配備し、厳重な警備体制を敷いていた。とくに、警備の重点区とされたのは、午門・東華門・西華門・神武《しんぶ》門の四門と景運門・隆宗門であった。これらは、外朝と内廷の中枢であると共に、皇帝が起居する場所を囲繞《いじょう》する生活空間であったためである。外朝の警備は、主として侍衛処《じえいしょ》が担当した。侍衛処の侍衛は六班に分けられ、班は左右の両翼に分けられて、輪番《りんばん》で宮門を警備した。乾清門《けんせいもん》・内左門・内右門は内班とされ、左翼右翼侍衛各三一人が派遣され、それを侍衛班領各一人、委班領《いはんりょう》各一人が統率した。太和殿は外班とされ、皇帝直属の上三旗《じょうさんき》（鑲黄《じょうこう》・正黄《せいこう》・正白《せいはく》三旗）侍衛什長《じゅうちょう》一人がそれぞれ侍衛及び入侍衛班の親軍三〇人を率いて警備に当たった。中和殿には侍衛什長三人、侍衛親軍三〇人が派遣された。そして、班にはすべて領侍衛内大臣一人が派遣され、班を統轄したのであった。

一方、内廷の警備は、上三旗下の護軍営、前鋒営《ぜんぽうえい》等が担当した。例えば、景運門には、直班大臣一員・司鑰長《しやくちょう》一員・主事一員・護軍校二員・伝籌《でんちゅう》護軍校一員・門筆帖式一員・閲戸籍護軍《えつこせきごぐん》六名・護軍一八名・伝籌護軍九名が配備された。警備重点地区の午門・東華・西華・神武・隆宗の各門は勿論、その他の各門・殿・要道にも護軍の官兵が派出されたが、その兵数と指揮官については、それぞれ異なっていた。警備を受け持ったのは、鑲黄・正黄・正白三旗の上三旗の官軍で、輪番で警備に務めた。鑲黄旗の輪番日は、丑未寅申の日、正黄旗は巳亥子午の日、正白旗は、卯酉辰戌の日と決められていた。

なお、紫禁城《しきんじょう》以外の警備は、下五旗《かごき》が輪番で当たり、天安門で護軍参領一人、護軍校二人、護軍十八人という規模であった。これを見ても、紫禁城内部の警備体制がいかに厳重であったか窺《うかが》い知れよう。

夜間巡邏　内廷・外朝両路に対する夜間の巡邏《じゅんら》は、紫禁城の警備上、重要な任務であった。景運門と隆宗門とだけに派出された伝籌《でんちゅう》護軍校と伝籌護軍が、主としてそれを担当した。内廷の夜間巡邏は、景運門を出て乾清門《けんせいもん》・隆宗門・啓祥門・凝華門《ぎょうかもん》・中正殿後門・西北隅・順貞門・吉祥門・東北隅・蒼震門・東南隅を巡って景運門に戻る一二カ所を一周するコースで、毎夜五回行った。外朝の巡邏は、隆宗門を出て景運門・左翼門・協和門・昭徳門・貞度門《ていたくもん》・熙和門《きわもん》・右翼門を経て隆宗門に戻る八カ所を一周するコースで、一晩に五回の巡邏が行われた。この他に、太和門内を巡邏するコースがあった。これは、中左門を出て東大庫・西大庫・中右門の四カ所を一周して中左門に戻るもので、毎夜三回繰り返した。

以上、紫禁城の夜間巡邏は、景運門を起点とするコース(五回)、隆宗門を起点とするコース(五回)、中左門を起点とするコース(三回)の三コースがあり、一晩に合計一三回の巡邏が行われたのであった。

防火　火災は、由々しき問題であった。そのたびに再建のため巨費を必要としたからである。火災の歴史を簡単に見てみると、明代では、永楽一九年奉天《ほうてん》・華蓋《かがい》・謹身《きんしん》三殿の火災に始まって、永楽二〇年・正統《せいとう》一四年・成化《せいか》一一年・弘治《こうち》一一年・正徳《せいとく》九年・嘉靖《かせい》元年・嘉靖四年・嘉靖三六年・万暦《ばんれき》元年・万暦一一年・万暦二二年・万暦二四年・万暦二五年等と頻繁に火災が発生し、三殿をはじめとする宮殿・宮門が焼失した。

清代になっても、火災が多発したので、清朝歴代の皇帝は宮内の防火対策を重視した。康熙《こうき》一八年（一六七九）一二月三日における太和殿の火災の後には、宮中での喫煙さえも禁止されたのであった。

清代の防火体制としては、康熙帝の時、東華門・西華門外に防火歩軍が設置された。更に、雍正《ようせい》元年（一七二三）には歩軍・護軍の中から年壮なるもの百名を選抜して、「火班《かはん》」が組成された。その営房は、初め咸安宮前牆《かんあんきゅうぜんしょう》西の空き地に設けられたが、乾隆元年（一七三六）には、寿康宮《じゅこうきゅう》の西牆《せいしょう》外に移された。火班の官兵は、昼夜輪番で警戒に当たった。紫禁城内の各所には防火施設として、鍍金《めっき》海一八口・大銅海二二口・大鉄海四口・中銅海一五二口・小銅海八口・小鉄海一〇四口の合計三〇八口の水甕《みずがめ》が設置され、清水が備蓄されていた。これらは、平時は太監《たいかん》が管理した。冬場の一一月一日から翌年の二月一日の間は、水甕の清水が凍るので、黒炭を燃やして暖めて氷を溶かし、緊急事態に備えた。いったん火災が発生すれば、火班の官兵だけでは対応しきれないので、あらゆる人が動員された。例えば、光緒一四年（一八八八）一二月一五日の深夜に貞度門《ていたくもん》から失火し、太和門・昭徳門その他の建築物に延焼した大火災では、満蒙王公貴族・軍機大臣・内閣大学士以下七〇〇〇余の人々が動員された。光緒帝《こうしょてい》の師傅《しふ》（先生）として著名な翁同龢《おうどうわ》も、就寝中を起こされて消火に駆けつけた一人であった。この時の火災の凄《すさ》まじさは、彼の『翁文恭公日記《おうぶんきょうこうにっき》』に詳しい。

紫禁城の医食衣とそれに従事する人々

医療　紫禁城に居住する皇家の人々とここに出仕する皇族・王公大臣の医療に従事するのは、太医院《たいいいん》であった。太医院は、明代以来正陽門《せいようもん》内の官衙街《かんががい》の礼部《れいぶ》の後に置かれていたが、義和団《ぎわだん》事件以後、各国の駐華使館区になったので、地安門《ちあんもん》外に移された。太医院の構成員数は、時期によって増減があったが、嘉慶《かけい》『欽定大清会典事例《きんていだいしんかいてんじれい》』によれば、長官の院使は一人、副使として左院判・右院判が各一人おり、この他に属官として、御医十三人、吏目《りもく》二六人、医士二〇人、医生三〇人がいた。御医・吏目・医士・医生は、大方脈・小方脈・傷寒科・婦人科・瘡瘍《そうしょう》科・針灸《しんきゅう》科・眼科・咽喉科・口歯科・正骨科・痘疹《とうしん》科の一一科のうち、それぞれ一科を専門とした。

院使・院判・属官は、それぞれの専門を組み合わせて輪番で宮中と外廷に詰めた。宮中に詰めることを宮直《きゅうちょく》といい、内薬房と各宮の外班房で待機した。外廷に詰めるのは、六直《りくちょく》といい、外直房で待機した。皇帝を診察したあと、薬を調剤する場合は、御医が太医院官と内監の監視の下で、二服分を合して一服となし、熟したころに二器に入れて、御医、院判、内監の順で試飲し、異状がなければ、もう一器の分を皇帝に進めた。歴代君主の中には、自分自身に対する医療行為を太医院に全面的に任せず、西洋医学の方を重視した皇帝もいた。それが最も顕著であったのは、康熙帝であった。例えば、その三二年（一六九三）に瘧疾《ぎゃくしつ》（マラリア）に罹《かか》ったけれども、その時は、フランス人宣教師のフォンタネイ（漢名洪若翰《こうじゃくかん》）が進めた金鶏納《きんけいのう》（キニーネ）を服し、奏功《そうこう》している。こ

太和殿

れは単なる一例に過ぎないが、孫に当たる乾《けん》隆《りゅう》帝《てい》も、康熙帝同様、西洋医学を好んだと云われている。このように西洋医学もまた、康熙帝以後、宮中に浸透していたのであった。

　膳食　宮中には夥《おびただ》しい厨役《ちゅうえき》がいた。例えば、明の宣徳《せんとく》一〇年（一四三五）八月には光禄《こうろく》寺《じ》の四千七百余人を整理したが、それでもまだ五千人も残っていたという。なぜ光禄寺だけでも、これだけの厨役を抱えていたかというと、紫禁城で行われる各種の筵宴《えんえん》のためであった。清代に宮中で行われた筵宴は、その性格によって御殿大宴・婚《こん》嫁《か》賞《しょう》賚《らい》筵宴《えんえん》と内廷筵宴・宗室宴とに分けられ、前の二つは主として光禄寺が、後の二つは内務府の御茶膳房《ぎょちゃぜんぼう》が担当した。筵宴の場所は、その重要度によって異なっていたけれども、最重要の式典である元旦・万寿聖《ばんじゅせい》節《せっ》（皇帝の誕生日）・冬至《とうじ》・皇帝の大婚の際の筵宴は、太和殿で行われた。太和殿での筵宴の卓数は、時代によって増減があるが、元来は二一〇席であった。一卓には二～四人が座ったので、一回の筵宴で四二〇～八四〇人分の料理を用意しなければならなかったことになる。これらの料理を担当した光禄寺は、東華門内にあった。光禄寺にはその内部に多くの組織を有し、材料の調達をはじめ多くの膳食関係の仕事をこなしていたが、調理する所は炸食房《さくしょくぼう》といい、多くの厨士《ちゅうし》・厨役が働いていたのであった。

一方、内務府の御茶膳房は、内廷筵宴・宗室宴のような皇帝の家宴的なものと、皇帝・皇后その他宮内関係者の日常の膳食を担当した。御茶膳房の内部は、茶房《ちゃぼう》・清茶房《せいちゃぼう》・膳房《ぜんぼう》に分れて、その人的構成は、管理職と実働職からなり、人数は時期によって相違があった。乾隆二四年（一七五九）の規定によれば、膳房の現場には庖長《ほうちょう》四名、付庖長四名と五〇名の庖人《ほうじん》等がおり、さらに内膳房に厨役二八名、外膳房に六七名がそれぞれ配置されていた。ちなみに、皇帝の平時の食事は二回で、早膳《そうぜん》は午前六時か七時頃、晩膳《ばんぜん》は正午か午後二時頃であった。そして、毎晩午後六時頃になると、晩点《ばんてん》（軽食）を摂《と》った。

衣服　清朝《しんちょう》ではその初期、糸や布の生産を重視しておらず、明朝が全国に設置していた二〇余処の織造局《しょくぞうきょく》を廃止し、銭糧や銀両を出して民間の機戸《きこ》から買い上げていた。こうして安いものを調達していたが、段々と宮廷御用の奢侈《しゃし》の要求を満たしきれなくなった。そこで、紫禁城内の内務府に衣作《いさく》・綉作《しゅうさく》・皮作《ひさく》・染作《せんさく》を置くとともに、江寧《こうねい》（南京《ナンキン》）・蘇州《そしゅう》・杭州《こうしゅう》に織造局と織染局《しょくせんきょく》とを復活させた。これを江南三織造《こうなんさんしょくぞう》と簡称した。それと前後して、戸部《こぶ》と工部は、両淮《りょうわい》の塩課の中から数十万両を捻出《ねんしゅつ》して、江南三織造に支給し、機械の設置と修理の費用に当てた。織造局では工匠《こうしょう》を召募し、待遇も改善した。三織造では、「上用」と「官用」の生産だけではなく、一定の数量は、民間や海外に売り出した。乾隆時代、蘇州織造局で稼働《かどう》している織機は、六六三張、機匠《きしょう》だけでも一九三三名が働いていた。工匠を全部門、かつ三織造全体でみれば、膨大な数に上ったのである。このような工匠たちが、水準の高い芸術的な製品を生み出したのであった。

11 紫髯《しぜん》緑眼《りょくがん》――「胡笳歌《こかのうた》」・天山南路・ジハーンギール

紫髯《しぜん》は赤黒いひげ。緑眼《りょくがん》は青い目。

西方の異民族を形容した言葉である。転じて、西洋人の形容としても使われる。

岑参《しんじん》の「胡笳歌」の、

君聞かずや胡笳の声
最も悲しきを
紫髯緑眼
胡人吹く

を出典とする。岑参は、唐代南陽《とうだいなんよう》（河南《かなん》）の人。玄宗《げんそう》の天宝《てんぽう》三載（七四四）の進士《しんし》。節度使《せつどし》の幕僚《ばくりょう》として長く西域《さいいき》にあった。その詩は悲歌《ひか》忼慨《こうがい》するところがあり、辺塞《へんさい》詩人として名がある。

この「胡笳歌」（正式には「胡笳の歌　顔真卿《がんしんけい》の使いして河隴《かろう》に赴《おもむ》くを送る」という題詩である）は有名で、『唐詩選《とうしせん》』にも収められている。

「胡笳歌」とは、胡笳という楽器に合わせてうたう歌のことである。その胡笳はあしぶえ。北方の胡人が葦《あし》の葉を巻いて作った笛で、のちにはその音に擬して作った竹製の楽器のことをいうようになった。漢代《かんだい》に張騫《ちょうけん》が西域から伝えたと云われている。

ついでに言うと、張騫は、この他にも、葡萄《ぶどう》、胡桃《くるみ》、柘榴《ざくろ》など異域の珍しい植物を将来したと云われ、これらは「張騫もの」と呼ばれている。

だから、多くの男の中にただ一人美しい女性がいて目立つときの形容に用いる「紅一点《こういってん》」という言葉は、張騫の将来以前にはなかったことになる。「紅一点」の出典は、北宋《ほくそう》の政治家で文人《ぶんじん》でもあった王安石《おうあんせき》の句である。

万緑叢中紅一点

人を動かすに春色多くを須《もち》いず

「一面の緑の中に、赤い花が一輪咲いている。それだけで、春の景色は人を感動させる」といった意味である。この「赤い花」こそ柘榴であった。この句は、「柘榴詩」の一節であるからである。話は一挙に飛躍するが、瀬川瑛子《せがわえいこ》のヒット曲「命くれない」の「くれない」は、「自分に与えよ」という意味ではない。「紅」をひらがなにしたものに過ぎないのである。

「紫髯緑眼」の男

さて、髯《ぜん》はほほひげ、あごひげ。ひげを表現する漢字は、この髯の他にいくつかある。髭《し》は口ひげ、うわひげ、要するに口の上のひげ。鬚《しゅ》はあごひげ、口の下にあるひげである。

「紫髯緑眼《しぜんりょくがん》」。

この四字熟語から、私は一人の人物を連想する。しかも北京《ペキン》に送られて、刑死という悲しき最期《さいご》を遂げた一人の「紫髯緑眼」の男のことを。

乾隆《けんりゅう》二四年（一七五九）、清朝は、回部《かいぶ》すなわち天山南路の地を征服して、ここに君臨していたホージャ家を追放した。大ホージャ家のブルハーン＝ウッディーンの子サリムサクは、コーカンドにのがれ、コーカンド・ハン家の保護をえて、密《ひそ》かに祖国回復の機会をうかがっていた。

サリムサクの死後、その次子ジハーンギール（張格爾）は、父の意志をついで、嘉慶《かけい》二五年（一八二〇）ごろから再三カシュガル辺境に小規模な侵入を試みていたが、道光《どうこう》六年（一八二六）にコーカンド人・キルギス人を率いて、カシュガル地方に侵攻した。白帽回子《はくぼうかいし》すなわちホージャ派のウイグル人や在住コーカンド商人がこれに呼応した。

コーカンドのマグリ＝ハンは、まもなくジハーンギールと不和となり、ジハーンギールは、地方に一時的ながらも、ホージャ政権を樹立した。しかし、略奪と殺戮《さつりく》をほしいままにしたので、人心を失い、道光八年（一八二八）には、ジハーンギールは、清軍《しんぐん》の詐策《ささく》によって捕えられ、北京《ペキン》に送られて殺されたのである。

この事件をジハーンギールの乱というが、この時清軍を率いて征討に向った薩爾図克《サルトゥク》長齢《チャンリン》に

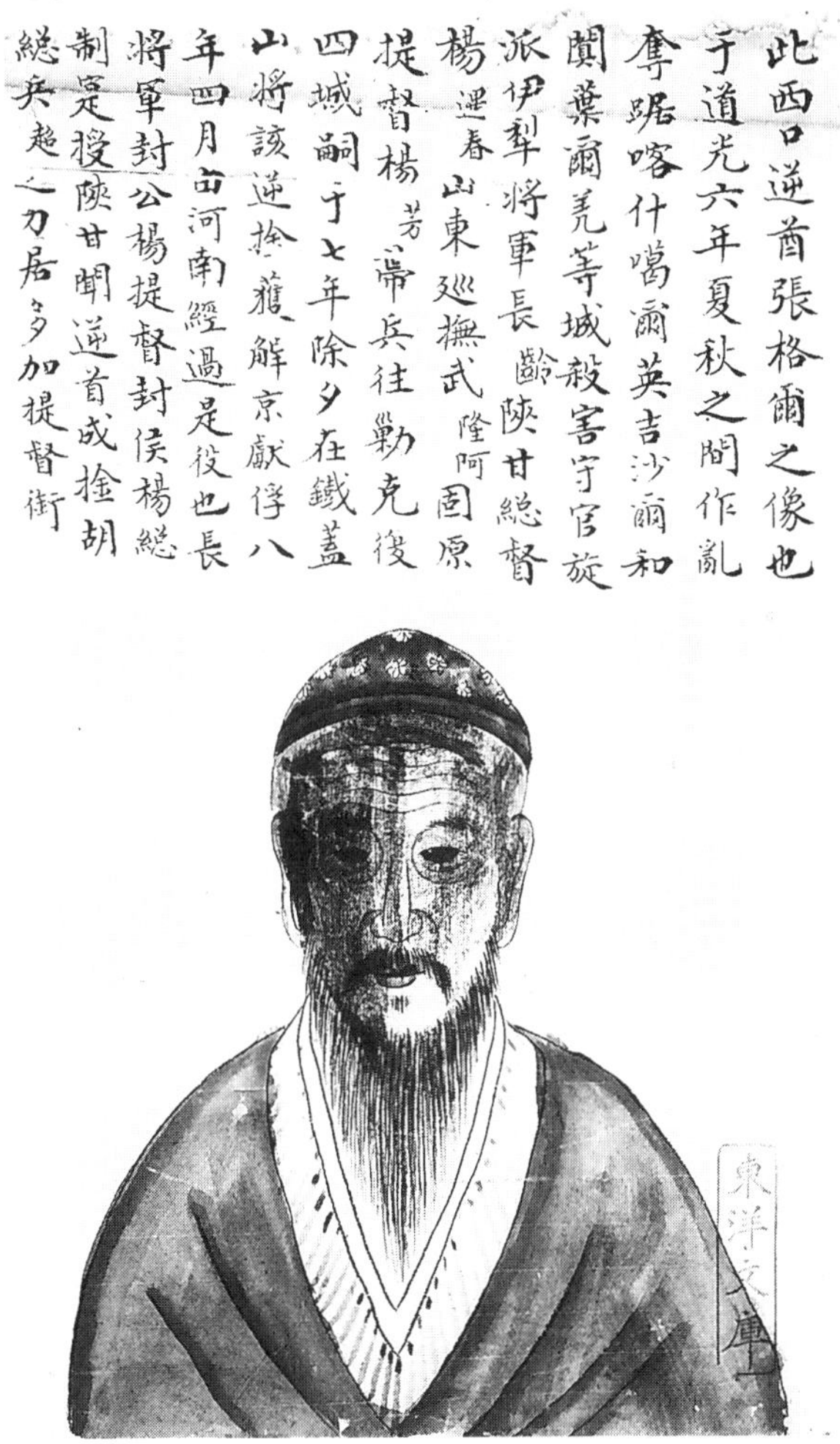
此西口逆首張格爾之像也
于道光六年夏秋之間作亂
奪踞喀什噶爾英吉沙爾和
闐葉爾羌等城殺害守官旋
派伊犁將軍長齡陝甘總督
楊遇春山東巡撫武隆阿固原
提督楊芳帯兵往勦克復
四城嗣于七年除夕在鐵蓋
山将該逆擒獲解京獻俘八
年四月由河南經過是役也長
將軍封公楊提督封侯楊総
制寔授陝甘制逆首成擒胡
総兵超之力居多加提督銜
東洋文庫

ジハーンギール像（(財)東洋文庫所蔵）

『長文襄公《ちょうぶんじょうこう》自訂年譜《じていねんぷ》』（別名『懋亭《ぼうてい》自訂年譜《じていねんぷ》』道光二一年刊）がある。その道光六年（一八二六）一〇月一六日の条には、ジハーンギールの乱の首謀者の風貌を伝えている記事がある。

それによると、まず閻義《えんぎ》という兵卒の口供《こうきょう》（言う所）によると、ジハーンギールは瓜実顔《うりざねがお》で、紫黒色、鼻筋の上に小さな胡麻つまりほくろが三つあり、鬚《しゅ》（あごひげ）は束になっていて、中肉中背、年齢は三〇余歳であり、これは邁哈黙特顎対（マホメッド＝オ＝フイ）の僉《せん》（＝簽、報告書）に言うところと一致しているというのである。

こうしたジハーンギールの風貌に関して、この記事内容とよく符合する肖像がある。それは、肉筆で且つ彩色画であり、縦三二糎×横一八・五糎の大きさのもので、財団法人東洋文庫所蔵の乾隆《けんりゅう》五一年（一七八六）序刊の河南汝寧府《かなんじょねいふ》『光山県志《こうざんけんし》』の食貨志賦役《しょくかしふえき》の条の中から、偶然発見されたものである。この肖像画の上部には、つぎのような識語がある。

此れ西口の逆酋張格爾の像なり。道光六年の夏秋の間、乱をなし、喀什噶爾（カシュガル）、英吉沙爾（ヤンギシャフル）、和闐（ホータン）、葉爾羌（ヤルカンド）等の城を奪踞《だっきょ》し、守官を殺害す。やがて伊犁《いり》将軍長齢、陝甘総督楊遇春《せんかんそうとくようぐうしゅん》、山東巡撫武隆阿《さんとうじゅんぶぶりゅうあ》、固原提督楊芳《こげんていとくようほう》を派し、兵を帯びて往いて剿《そう》せしめ、よく四城を復す。嗣《つ》いで、七年の除夕《じょせき》（おおみそかの夜）、鉄蓋山《てつがいざん》にありて、この逆（酋）を将《も》って捦《きん》（擒）獲《かく》し、京に解《おく》りて俘《ふ》を献ず。八年四月、河南より経過す。是の役に、長将軍は、公に封ぜられ、楊提督は侯に封ぜられ、楊総制は陝甘（総督）を寔《しょく》

（実）授《じゅ》さる。逆首の捦《きん》を成すに、胡総兵超《こそうへいちょう》の力多きを居《し》むと聞《ぶん》し、提督の銜《くらい》を加えらる。

ジハーンギールは、道光六年（一八二六）に反乱を起こし、同八年（一八二八）清軍に捕擒《ほきん》せられ、北京に械送《かいそう》されて刑死した。その時河南を経由した。

この肖像画は、おそらくジハーンギールの北京への械送途中の河南で、彼を目睹《もくと》した人によって描写されたものと思われるが、これを描写した人と肖像画の挿入してあった乾隆『光山県志』の旧蔵者とが、同一人物であったのか、あるいはまた該書の旧蔵者が、他から入手したものなのかという点については断定しがたい。

長齢《チャンリン》の年譜にみえるように、瓜実顔で、顔色が紫黒であり、麻絲《あさいと》を束ねたようなあごひげをしており、この新発見になる肉筆の肖像画は、ジハーンギールの風貌を正確に伝える歴史資料として甚だ貴重なものであろう。

12

支葉碩茂《しようせきも》——上杉鷹山《うえすぎようざん》・秋月鶴山《あきづきかくざん》・勅使接待《ちょくしせったい》ごちそう役

今日、上杉鷹山《うえすぎようざん》が持て囃《はや》されている。鷹山に関する著作は、伝記・小説を取り混ぜると数多《あまた》ある。

書店に行けば、すぐに一冊や二冊は、平積《ひらづ》みしてあるのを手にすることができるであろう。鷹山ブームは、ますます盛んになっている。

だが、わたしが読んだ範囲で言えば、いずれの書にも欠陥がある。鷹山の親兄弟のことが全く書かれていないのである。

鷹山の生家は、九州日向国高鍋《たかなべ》の秋月《あきづき》家（三万石）であった。

かかる小藩から養子に入って、名門の上杉一五万石を継いだ。

鷹山の父、秋月種美

鷹山の父は、高鍋藩六代藩主の種美《たねみつ》であった。種美は、享保《きょうほう》三年（一七一八）五月一五日、種弘《たねひろ》の長男として高鍋城内で生まれた。幼名は兵部《ひょうぶ》。同一七年（一七三二）一二月、佐渡守《さどのかみ》に任じられ、一九年（一七三四）一二月七日家督を受けると、その翌年初めて高鍋に入府《にゅうふ》した。そして、寛《かん》保《ぽう》二年（一七四二）六月一一日、筑前《ちくぜん》秋月の藩主黒田甲斐守長貞《くろだかいのかみながさだ》の娘春姫《はるひめ》と「華燭之典《かしょくのてん》」をあげた。

種美《たねみつ》は子女に恵まれた。

長男は種茂《たねしげ》、次男松三郎《しょうさぶろう》は米沢藩上杉家《よねざわはんうえすぎけ》を継いで鷹山《ようざん》と称し、三男頼完《よりさだ》は人吉藩相良家《ひとよしはんさがらけ》、四男忠快《ただよし》は大久保家をつぎ、五男種懐《たねやす》は、新小路《しんこうじ》秋月家を興し、六男信義《のぶよし》は高家《こうけ》中条家、七男利国《としくに》は斎藤家を継いだ。

種美は、宝暦《ほうれき》一〇年（一七六〇）七月七日、四三歳で隠居した。悠々自適の生活であった。しかし、天明七年（一七八七）三月初め、耳の下にはれ物ができた。『解体新書《かいたいしんしょ》』で著名な蘭方医杉田《すぎた》玄白《げんぱく》らの治療を受け、鷹山も出府して、兄の種茂とともに看病に当たったが、その年の九月二五日に没し、麻布広尾《あざぶひろお》の光林寺《こうりんじ》に葬られた。享年七〇歳であった。

さて、こうした種美が、藩主時代に最も意を用いたのは、経済振興策であった。相互扶助の精神を奨励し、林業牧畜にも意を注ぎ、漆《うるし》、楮《こうぞ》、棕櫚《しゅろ》、茶、櫨《はぜ》、杉、檜《ひのき》などの植え付けを奨励した。その一方では、倹約令を出して徹底した財政引き締めを行ったのである。また学問武芸を奨励し、才能ある青少年を選んで学資を与えて、江戸や京都に遊学させ将来に備えた。内藤有全《ないとうありのり》、田村轡斎《たむらひさい》、財津十郎兵衛《ざいつじゅうろうべえ》、大塚精斎《おおつかせいさい》、内藤有恒《ないとうありつね》、坂田宇平次《さかたうへいじ》らは、それによって輩出した学徒であり、後の明倫堂《めいりんどう》の創設に貢献し、その教授となった人々である。

種美の施政は、理財の面でも文教の面でも、充実に向かっての基礎を固め、その成果を将来に期待するという、極めて地道なものであった。

周知のように、鷹山が養子となった当時の米沢藩は、財政的に窮乏し、そのうえ重臣の悪政もあって、破綻《はたん》寸前であったが、それを大変苦心の末に藩政を安泰させたのが鷹山であった。鷹山は大倹約令をだし、農村の振興に意を用い、漆《うるし》、桑《くわ》、楮《こうぞ》、紅花《べにばな》などの植え付けを元にした種々の産業振興、そして教学の振興と藩校興譲館《こうじょうかん》の創設などによる人材の育成などの施策を行なった。これらすべてが、鷹山のオリジナルな政策なのか、というとそうではないのではないかというのが、私の考えである。

つまり、鷹山の諸々の政策は、米沢藩で改革を断行しようとした最初から、種美《たねみつ》がすでに実行した大倹約令、産業振興策、人材育成策など様々な政策であったと思うのである。

それとともに、鷹山にかなりな影響を与えたのが、兄種茂《たねしげ》の存在であったと考えている。

鷹山の兄鶴山

鷹山は、ときの将軍徳川家治《いえはる》の一字を貰って治憲《はるのり》と改名した翌年、つまり明和《めいわ》四年(一七六七)四月満一五歳で家督を継ぐが、高鍋藩《たかなべはん》においては、それより七年早く、宝暦《ほうれき》一〇年(一七六〇)七月、種美の隠居によって、一八歳で種茂が家督をついでいた。

鷹山という雅号は、兄種茂の鶴山《かくざん》と対をなすものであるけれども、鶴山、鷹山両公の藩主としてのスタートは、極めて対蹠的《たいしょてき》であった。

鶴山は、前代の蓄積のあとを受けて、思う存分政治を行うことができるという恵まれたスタートであった。それに比べて、鷹山は大藩を継いだものの、財政的にはどん底であり、苦労するために養子に行ったようなものであった。現代風にいえば、鶴山が、資本金は少ないけれども、営業利益率も高く、内部留保金も極めて多い優良企業の社長におさまったのに対して、鷹山は、資本規模こそ大きいが、巨大な負債を抱え、資金繰りに苦しみ、いつ倒産してもおかしくない名前だけ有名な会社に出向して社長になったようなものであった。

経営再建に着手したとき、その改革案のシナリオを書くとき、自分のもといた会社が優良企業になるまでにどのようなことを実行して来たか、参考にしない企業家はいないであろう。

鷹山の出身藩は、たしかに九州の片田舎の一小藩であったが、それは、極めて経営の安定した藩であった。米沢藩では、なにかというと、「謙信公《けんしんこう》以来の上杉家の家格《かかく》は、たかが三万石の小家の二男にはわかるはずはない」という見下した思いがあったようであるけれども、そういう上杉藩は破綻寸前の「ウドの大木」であった。こういう格式の高さだけを売り物にしている、やっかいな上杉藩を改革して行こうとした鷹山の改革プランに種美の実施した諸々の政策を取り入れていることの可能性については、さきに触れたが、鷹山は、さらに兄の鶴山の政策も常に参考にしたのではないかと思われるのである。

鶴山は、長男として生を受けたために、ただそのまま藩主の地位についたというだけの凡庸《ぼんよう》な人ではなかった。聡明で学問を好み、よく人の意見を取り入れ、種々の事業に取り組み、高鍋藩の全盛時代をもたらしたのであった。鶴山の実行した様々な政策を列挙すると、つぎのようなものがあった。
○人材の登用――小田岡衛門《おだおかえもん》らの新進気鋭の人材を登用し、藩政全般にわたり斬新《ざんしん》な発想と周到な計画によってさまざまな施策を実施した。
○農業振興策――溜池《ためいけ》や水路の築造、大規模な開墾事業や水利工事、換金作物《かんきんさくもつ》の植え付けの奨励、木炭《もくたん》の製造木材の移出等山林資源の開発利用、馬牧を中心とした農業生産の増大と牧畜収益の増加を図った。
○庶民生活の向上――農民の三人以上の子供には、一日米二合または麦三合のいずれかを支給、大坂から産婆を招聘、ばくちや間引《まび》きの厳禁、双子の出産には貴賎を問わず、扶助料を支給、朝鮮にんじんを栽培して藩庫に蓄え、薬代を欠く者に支給、江戸勤務の足軽《あしがる》の生活援助などを実施し、庶民の生活に意を用いた。
○人材育成策――藩校明倫堂《めいりんどう》の創立。
○社会教育策――『郷閭学規《きょうりょがくき》』『郷閭学規聖語国字解《せいごこくじかい》』を著し、毎月一六日、庄屋や町乙名《おとな》宅で庶民に読み聞かせた。

○低利融資策──福島《ふくしま》に「社倉《しゃそう》」を設け、一斗に対して五合という極めて低利の融資を行った。

以上に列挙した中で、『郷閭学規』『郷閭学規聖語国字解』については、弟の鷹山にも送り、鷹山の書き入れ本（書誌学的にはこれを手沢本《しゅたくぼん》という）が、現在も上杉神社に所蔵されているということである。

ともあれ、鶴山《かくざん》は、その治世中、様々な善政を展開し、その成果を挙げたのであった。それによって、わずか三万石の高鍋《たかなべ》藩が、いかに富裕になり安定していたか、それを具体的に示す事例を示そう。

江戸城の「柳の間」は、五万石以下の大名の詰所《つめしょ》であった。ここでは高鍋藩は、津和野藩《つわのはん》と人《ひと》吉藩《よしはん》と並んで三富侯とよばれたのである。さらに江戸時代後半期の農学者であった佐藤信淵《さとうのぶひろ》は、その著書『経済要録《けいざいようろく》』の中で、「富裕な藩は一に芸州《げいしゅう》、二に高鍋」と書いており、高鍋藩の豊かさが窺《うかが》えよう。

さらに言うと、幕府は、高鍋藩の豊かさと鶴山の人柄を高く評価し、その治世中一一回もの多きにわたって勅使《ちょくし》接待《せったい》ごちそう役を命じた。

赤穂藩《あこうはん》浅野家《あさのけ》では、たった二回勅使接待ごちそう役を命ぜられただけでも、しくじって御家断《おいえだん》絶《ぜつ》の憂《う》き目《め》に遭《あ》ったが、それを鷹山の兄の鶴山は、一一回もつつがなくこなしたのである。

鶴山は、このお役目を命ぜられると、大坂での木炭《もくたん》の売上の中から約四〇〇両を調達し、その御用金にあてたが、ともかく、この役目に当たると財政的負担は大変であったようである。しかしながら、それを問題もなく一一回もこなしたところに、高鍋藩の豊かさと鶴山の人間性が窺われよう。

農民が困窮して多くの藩が財政難に悩む中、産業振興策が実った高鍋藩では、農民への手厚い政策で農民一揆《いっき》も起こらず、富裕な藩として全国に知られるようになったのであった。

このような藩を築いた兄鶴山のことを、鷹山《ようざん》は、人に語って、

阿兄《あけい》の名、大《おおい》に世に顕《あら》はれざるは其の地僻遠《へきえん》なるが故なり。若《も》し阿兄と吾と地を易《か》へしめば、豈《あ》に今日の米沢ならんや。(『日向国史《ひゅうがこくし》』下)

と言ったと云われている。

この言葉から、鷹山が兄の政策に注目していたことが分かる。高鍋藩は、領国は分断され、地理的にも九州の辺鄙《へんぴ》なところにありながら、全国で一、二を争うほどの富裕な藩になったそのプロセスは、勿論鷹山もよく知っていたことであろう。

だから、鷹山が、上杉藩の藩財政再建に着手し、その改革案を構想したとき、そのプランに取り入れたのが、父の種美の実施した諸々の政策、あるいは兄鶴山の政策であったと思うのである。

バブル崩壊後の景気失墜の今日、上杉鷹山が脚光を浴びているが、そこで高く評価されている改

革とは、地理的に見れば九州の片田舎に過ぎない高鍋藩にその原点があったと言っても過言ではないであろう。

鷹山は、父種美《たねみつ》の施策、兄鶴山の施策を参考にして、米沢の風土と気質に合うものを政策として取り入れたと言うべきであって、まさしく身近にいた父や兄のそれを手本としたのであろう。

しかも、毅然として断行すれば、改革の成果を生むことも、父や兄の政策を見ていて、絶対的に確信していたに違いない。それが、格式や家格にこだわる米沢の保守的な重臣たちを相手に回しても、ひるまず、臆《おく》せず、改革を断行しえた所以であろう。そして、何より改革を行う上で、精神的拠り所になったのは、どのように孤立無援になろうとも、同じような施策を断行した父や兄だけは支持してくれるという思いではなかったろうか。

勿論、だからといって、鷹山が名君でない、とかその改革は模倣であって価値がない、と言っているのではない。いくら身近に手本になる施策・政策があっても、それをどのように生かすかは、その人の力量にかかわることである。様々な困難の中で、万難《ばんなん》を排してそれを実現したことに鷹山の力量が、端的に現れているのである。

これまで、鷹山の改革を、鷹山自身の個人的資質に帰する見方が多かった。

それに対して、私は、鷹山の育った家庭環境や教育環境という観点を見過ごしたら、あまりにも片寄ったものになることを強く言いたかっただけである。

人間形成の最も中心的なコア（核）は、家庭・家族と教育に尽きると思うからである。

この話と「支葉碩茂《しようせきも》」という四字熟語と、どのように関連するか、最後に絵解きしておこう。

支葉は枝葉のこと。一族や子孫の譬《たと》え。碩は大きいの意。だから大学者のことを碩学《せきがく》あるいは碩《せき》儒《じゅ》というのである。碩茂と熟すると、大きく茂るということであるから、繁茂・繁栄と同じ言葉になる。これから転じて子孫の繁栄することを言うのである。

「支葉碩茂」は、このような言葉が合わさって、本家も分家もともに栄えること、一族すべてが繁栄することに使うのである。

それは、あたかも、長男種茂は本家高鍋藩を極めて富裕にし、米沢藩上杉家を継いで鷹山と称した次男松三郎は、上杉藩を立て直し、三男頼完は人吉藩相良家、四男忠快は大久保家をつぎ、五男種懐は、新小路秋月家を興し、六男信義は高家中条家、七男利国は斎藤家を継いだ種美の子たちのことを言っているようではないか。

13 笑比河清《しょうひかせい》——黄河《こうが》・包公《ほうこう》・『大岡政談《おおおかせいだん》』

これは一般に、「笑いを河清《かせい》に比《ひ》す」と訓読する。性質が非常に厳格で、ほとんど笑顔を見せない、という意味である。どうして、そのような意味になるのか。ポイントは、「河清」の二文字にある。

中国では、限定的には河《か》は黄河《こうが》を、江《こう》は長江《ちょうこう》を指す。したがって、「河清」とは黄河の水が澄むことを云う。世界のどこの河川を見渡しても、黄河ほど濁った水はない。黄河は、水一斗泥六升といわれるほどで、水が流れているというよりは、むしろ泥土が流れているといったほうが妥当である。黄河の泥水は、どのような作用を起こすのであろうか。

南方を流れる長江の流路は、黄河と違って、数個の盆地を連ねており、各盆地には、それぞれ広大な湖水を持ち、江水の増減を調節するから、古来水害はさほどひどくなかった。

しかし、黄河は、河が流れるだけで、そこに泥がたまって河が高くなり、自然とかつて存在したと想像される低凹を全く黄土で埋めてしまった。このようにして、北は北京《ペキン》、南は南京《ナンキン》まで南北一〇度、西は太行《たいこう》山脈から東は黄海《こうかい》まで東西八度、前面に山東《さんとう》地塊《ちかい》が島の形であったのを、いつのまにか黄河の泥が埋め尽くして、黄河デルタが出来た。黄河の運ぶ泥は、あまりに水にもろい細沙《さいさ》で水と泥が混一して分離しない。したがって、自然に固まって堤防になるということもなく、普通の地質ならば、良くできる「自然堤岸《ていがん》」というものもできないのである。

そこで、二千年以前のすなわち後漢《ごかん》の明帝《めいてい》時代に王景《おうけい》を中心に行われた黄河の治水工事以来、人為的に堤防を作った。つまり河の両岸一〇キロほどを隔《へだ》てて、山から海まで東西各三百キロ近い大堤を作ったのであった。しかし、いったん洪水になると、河の底は一三メートル位まで泥が動き、その堤防の基礎でも、一〇メートルほどの深さまで泥が動いて共に流れ、その勢いはまことに恐ろしいものであった。したがって、堤防を高くすればするにつれて河身も高まり、平地が河より低くなると、やがて堤防の一角が崩壊して、ついに両岸一面泥の海になるのである。いったん泥海《でいかい》になると、水は容易にひかず、田も畑も家も森も、すべて埋没しさるのであった。

黄河が、このような特質を持つのは、泥土が脆弱《ぜいじゃく》な黄土層の山地から流下するためであるから、その黄土層の地質が変化しない限り、その名のごとく、永遠に「黄土の泥河」である。

この黄河の泥水を題材にした諺は少なくない。たとえば、「寸膠不能治黄河之濁《すんこうもこうがのだくをちするあたわず》」（わずかな膠《にかわ》では、黄河の水の濁りをすべて清めることはできない）とか、「百年待河清《ひゃくねんかせいをまつ》」（黄土で常に濁っている黄河の水の澄むのを待ち続ける、つまり絶対不可能ということ）などはその例である。

かくして、「笑いを河清に比す」とは、濁った黄河の水が澄むのと同じほど、笑顔を期待できないという意味となり、頭書の「性質が非常に厳格で、ほとんど笑顔を見せないこと」という意味が発生したのである。

それでは、「性質が非常に厳格」で、「ほとんど笑顔を見せない」と言われた人は、だれであるかというと、それは北宋《ほくそう》時代の包公《ほうこう》、すなわち包拯《ほうじょう》という人である。包公は、性謹厳で、その公平な裁判は民間の評判となり、名裁判官と謳《うた》われ、その裁判の物語を集めた『龍図公案《りゅうとこうあん》』（または『包公案』ともいう）は、公案（裁判）小説の代表とされている。

日本には、徳川八代将軍吉宗《よしむね》のころ活躍した一代の名奉行大岡越前守忠相《おおおかえちぜんのかみただすけ》の名裁判ぶりを集めた『大岡政談《おおおかせいだん》』がある。ところが、これには、実際に行われた裁判のほかに、中国の裁判ものがかなり入っている。忠相自身、中国の裁判ものを読んでいて、実際の裁判に応用し、ますます名を上げたとも考えられるが、いずれにしても、タネ本は中国にあり、名裁判官の名をほしいままにした彼の業績として、あれもこれもと結び付けられて、付け加えられたのであった。

包拯像（『三才図会』より）

さて、その中国のタネ本の代表が、実は包公の裁判物語を集めた『龍図公案』であった。『大岡政談』に取り込むにあたって、かなり改変したものもあるが、中にはそっくりそのままのものもある。現代であれは、著作権侵害である。

そっくりさんの一例を挙げよう。

――ある男が布を仕入れて行商に出掛けた。旅先で酒に酔って寝ている間に、布を全部盗まれた。包公が調べたが、犯人はもちろん、盗品の行方もわからない。そこで一計を案じて、衙門《がもん》（役所）の前の石碑を中に運び入れ、これを大声で尋問《じんもん》し、殴打《おうだ》させた。付近の民衆は、みな集まって来て、珍しそうに見物した。そこで、包公は、役所の門を閉じさせ、「お前らは、なぜ無礼にも勝手に役所に入ったのか」とわざと叱り、その罪として、布を売るものは布を、肉を売るものは肉を納めさせた。それで、その納められた布の中に盗品が交じっていて、下手人を挙げることができた――。これが、『龍図公案』の中の「石牌《せきはい》」（石碑のこと）という話のあらすじである。石碑を石地蔵に、売っている布を白木綿《しろもめん》に取り替えれば、そのまま大岡裁きになる。

――「大変だ。お地蔵さまが縛られて行くぞ。」物見高いのは江戸っ子の常、後をぞろぞろ付いて行き、知らず知らずに奉行所に入り込んでしまった。……越前守は、「ここは天下の役所なるに、許しもなくて乱入するとはふとどき至極《しごく》」。

こうして、包公の裁判物語は、かなりあるいは少しく形を変えて我が国に入り込んだのである。それは別段珍しいことではない。日本の明治以前には、あらゆるものが中国から輸入された。食べ物も、政治制度も、風習も、文化も、昔話も。昔話でいうと、かぐや姫・花咲爺・さるかに合戦・

天人羽衣・浦島太郎・一寸法師等など、すべてその祖型は、中国にある。

さて、「笑いを河清に比す」とは、人柄はあくまでも「清廉潔白《せいれんけっぱく》」、「謹厳無比《きんげんむひ》」、どんなに権勢のある親王でも高官であっても躊躇《ちゅうちょ》しない公平無私な裁きぶりと、鋭い推理力を持ち合わせた、包公を称賛したものなのである。

包公は、合肥《ごうひ》（安徽省《あんきしょう》）が出身地であった。合肥は、古来蓮根《れんこん》の産地として有名である。それで、ここで採《と》れる蓮根は、包公の廉直無私《れんちょくむし》ぶりにちなんで、折っても糸をひかぬ（無糸ウス＝無私ウス）と云うそうである。

それに比べて、ダサイ・トロイ・フルイの三拍子が揃ったアホの政治家どもと、賄賂《わいろ》取り放題、公金横領へいちゃらな「貪官汚吏《たんかんおり》」に、今日の日本は、政治・経済をはじめ何もかも無茶苦茶にされてしまった。

さてさて、わが祖国は、これからどんな方向にいくのやら。

そんな取り越し苦労を、「杞人天憂《きじんてんゆう》」、縮めて「杞憂《きゆう》」というが、それが文字通り、「無用の心配」に過ぎないことを願わざるを得ない。

14 人口《じんこう》膾炙《かいしゃ》――北条時宗《ほうじょうときむね》・クビライ・元寇《げんこう》軍船の規模

「人口《じんこう》に膾炙《かいしゃ》する」と読む。

歴史上、あまり知名度が高くなかった人物が、ひとたびドラマや芝居などに主人公として取り上げられると、併せて関係・関連書が陸続《りくぞく》と刊行され、一躍有名になることがしばしばある。北条時宗《ほうじょうときむね》の場合も、そうしたケースであろう。

このような現象を「人口膾炙」、あるいは「膾炙人口」と云う。人口は人の口、うわさ。膾はなますで、細く切った生の肉。炙（せきとも読む）はあぶり肉のこと。どちらも美味で、だれの口にも合って好まれることから、そのようにだれの口にも上り、広く世間に知られることを「人口に膾炙する」と云うのである。

炙に関しては「欲炙之色」（「しゃをほっするのいろ」と読む）という熟語もある。あぶりものを欲しがる顔色のことである。このことから、むやみに物を欲しがることを云う。『晋書《しんじょ》』顧栄伝《こえいでん》に出て来る言葉である。

さて、北条時宗のことは、無論高校の日本史の授業で学習するが、これまでは一般によく知られた人物であったとは思えない。少なくとも「蒙古襲来《もうこしゅうらい》」や「神風《かみかぜ》」のことに比べれば、そのときの鎌倉幕府《かまくらばくふ》の執権《しっけん》時宗の知名度は低かったであろう。だが、今や多くの人が時宗の名を知っている。同時に「蒙古襲来」についても、かなりな部分まで知られるようになったのではなかろうか。

まさにテレビの力である。とはいえ、知られていないことはまだまだ数多《あまた》ある。

そのことを一つ書く。つまり、表題とは逆に「人口膾炙《じんこうかいしゃ》」していないことをである。

元軍の船

従来、成祖クビライが日本征討に派遣した軍船の規模は、兵数と船数から、大体において平均三～四十人を載せる小さな船であったとされている。それは、

	（軍兵の数）	（船の数）	（一隻平均の人数）
文永《ぶんえい》の役《えき》	二五、〇〇〇	九〇〇	約二八
弘安《こうあん》の役東路軍《えきとうろぐん》	四〇、〇〇〇	九〇〇	約四四
弘安の役江南軍《こうなんぐん》	一〇〇、〇〇〇	三、五〇〇	約二九

という計算を根拠にしている。

確かに、元の征討日本軍の船舶は、距離の問題や遠征の形態からいっても、大型船の多用よりもむしろ戦闘用軍船の多用に、編成上の力点がおかれたに相違ない。かの有名な「竹崎季長《たけさきすえなが》蒙古襲来

絵詞《えことば》」にみえる元軍の船の図をみても、それらの船が小さいものであることが窺《うかが》われる。ただし、それは戦闘に参加した船種であるからである。

　これらの戦船の活動を支えるべき兵員・軍糧・武器の補給は、一体どのようになっていたのであろうか。

　日本侵寇の軍船の種類について、『元史《げんし》』巻二〇八、日本伝に、

(至元《しげん》)十一年三月、鳳州経略使《ほうしゅうけいりゃくし》実都《じっと》・高麗軍民総管《こうらいぐんみんそうかん》洪茶丘《こうさきゅう》に命じて、千料舟・巴図魯《バトル》軽疾《けいしつ》舟《しゅう》・汲水小舟各三百、共に九百艘を以って、士卒一万五千を載せ、期するに七月を以って日本に征せしむ。冬十月、其《そ》の国に入り、之《これ》を敗《やぶ》らんとするも、官軍整《ととの》わず、又矢尽き、惟《た》だ四境を虜掠《りょりゃく》して帰る。

とあるが、ここにみえる千料船は、戦闘のためのものではなく、兵員・軍糧・武器などを輸送する純輸送船ではなかったかと思う。

　宋《そう》の呉自牧《ごじぼく》の『夢粱録《むりょうろく》』巻一二、江海戦艦の条に、

海商の艦、大小等しからず、大なる者五千料、五六百人を載すべし、中等の二千料より一千料に至るまで、亦《ま》た二三百人を載すべし。

とあり、千料船は二百人程度は載せることが可能であったことが知られる。「料」とは、船舶の規模を示す単位で、「石」と同じものであるが、具体的なイメージをうるためにこれを積載噸数《とんすう》に換

算してみよう。

嘉靖《かせい》四二年（一五六三）纂修、何愈《かゆ》・張時徹《ちょうじてつ》の『定海県志《ていかいけんし》』（内閣文庫所蔵）経制志《けいせいし》巻七、兵衛《へいえい》に、明代において、定海衛に配備された軍船の船身長・幅・深さを記しているが、その中に、五百料官船については、

船身長計官尺長一十二丈二尺五寸、深一丈一尺五寸、濶三丈、成造料価銀一千両、

とみえている。現代では、一尺＝〇・三〇三mであり、明代においては、一尺＝〇・三一一mであったから、両者の間には若干のズレがあるが、計算上の便宜として、そのズレを捨象して現代尺で呎（フィート）に換算すると、

一尺＝〇・九九四二一一呎

であるから、概算一呎＝一尺として計算することとする。そこで、現代の民船噸数の算出式つまり、

$$\frac{\text{長さ（呎）×幅（呎）×深さ（呎）}}{\text{40立方（呎）}}$$

によると、五百料船の計算式では、

$$\frac{122.5\times11.5\times30}{40}$$

となり、概算一〇五六噸と算出される。したがって、『元史』及び『夢粱録』にみえるところの千料船は、その二倍として、約二一〇八噸という、まさに大規模の船体であったと考えられる。

ここに至って、元寇に参加した千料船の役割は、ますます明確になってくるであろう。当時の船舶は、帆《ほ》と櫓《ろ》に動力源があったが、かかる巨大な船舶になると、その動力源だけでは高度な艦隊運動は言うに及ばず、敏捷《びんしょう》さを要求される戦闘にも非常に不向であったと推測される。そのことは、明代になって刊行された日本研究の地理書、鄭若曾《ていじゃくそう》の『籌海図編《ちゅうかいずへん》』巻一二、経略二、勒会哨《ろくかいしょう》に、「五百料の類、亦《ま》た以って海戦に便ならず」とあり、五百料船でこのようであれば、千料船に至っては、なおさら海戦に不便であったと推測される。

そのゆえに、千料船は、積載能力が大きいことが元寇に参加した最大の理由とみなすべきであるとすると、元征討日本軍の補給活動に従事した純輸送船であったことは、ほぼ相違あるまい。

とすると、元侵寇軍船の編成は、汲水船や巴図魯軽疾船《バトルけいしっせん》と共に、機能的に多様であったわけであり、元寇軍船の船体の規模は、計算によって一隻平均の乗組員三〜四〇人であったことを算出し、非常に小さなものであったと断定を下すことは全く無意味である。

元寇軍船の中には、二〜三百人程度の兵員を収載できるほどの船種もあれば、小さな戦船もあったという多様性を考慮すべきであり、軍兵の数を船の数で割り、一隻あたりの乗組み人員を算出しても、その算出された一隻の所載する人数は、船舶の多様性という実体を隠蔽《いんぺい》するに止まり、船体

の規模を窺う手掛りとはならないのである。前述したように、文永《ぶんえい》の役《えき》の場合、

$$\frac{25,000\text{（軍兵の数）}}{900\text{（船の数）}}$$

という算出方法によって、一隻の平均乗組員を約二八人とされているが、この時における船九〇〇艘の内容は、前に『元史』日本伝の記事を引用したように、千料船＝三〇〇、巴図魯《バトル》軽疾舟《けいしっしゅう》＝三〇〇、汲水舟＝三〇〇であって、船種の多様性を無視した算定は無意味なのである。

ところで、明の興起と共に確立・整備された海防体制下の海防軍は、毎年三・四・五月と九・十月の二時期に定期的に各省それぞれ一巡航出動隊＝軍船五〇隻・旗軍《きぐん》五〇〇〇人の規模で以って、海防作戦を展開したが、その軍船の編成をみると、哨船《しょうせん》・戦船・輸送船よりなっている。

このような機能を重視した軍船編成の起源は、どこまで溯ることができるか、その明確な回答を持ち合わせていないが、元征討日本軍においては、すでにその軍船編成が見られたのである。

15

旌旗《せいき》巻舒《けんじょ》——貞節《ていせつ》烈節《れっせつ》・文禄慶長《ぶんろくけいちょう》の役《えき》・ヌルハチ

旌旗《せいき》は、はた類の総称であるが、本来の形態は、旌・旗それぞれに異なっていた。旌は、旗竿《はたざお》の上に旄《ぼう》（からうしの尾）をつけ、これを鳥の羽で飾ったはたである。旗は、熊と虎とを書いて軍将のたてたものであった。

旌にはまた、「あらわす」という意味もある。したがって、旌表《せいひょう》は、あらわす、世に知らしめるという意味になり、これは、古くから中国の王朝国家の民衆教化の手段として活用されてきた。すなわち、孝義貞順《こうぎていじゅん》などの徳性のある人に対して、国家が坊を建て扁額《へんがく》を賜与して表彰することを旌表というのである。もともと旌表は、忠臣・義士に対する一種の奨励策であったが、のちにはその範囲が次第に拡大され、また単に男子に限らず、女子にも与えられるようになった。しかし、婦女子に対する旌表は、非常に限定されたものであって、ほとんど貞節《ていせつ》・烈節《れっせつ》に与えられた。

貞節とは、夫あるいは婚約者を亡くして節を守った女性のことを云い、烈節は夫あるいは婚約者を亡くした後に殉死《じゅんし》したり、また貞操が危機にさらされたとき、命を犠牲にした女性のことである。

これは、儒教思想と深く関わっていた。

さて、スカートの左右に深くスリットの入った中国女性の衣服を、現在では一般に「チャイナドレス」といっているが、王昭君《おうしょうくん》、西施《せいし》、楊貴妃《ようきひ》といった古代の美女たちは、このような衣服を身につけていなかった。なぜならば、この衣服は、旗袍《きほう》といって、旗人《きじん》の女性の服装であったからである。旗人とは満洲八旗兵のことであり、それが清朝《しんちょう》を興し、一六四四年から一九一一年の辛亥《しんがい》革命《かくめい》で倒れるまで中国を支配した。

八旗は、白・紅・黄・藍の四つの旗をダブルにして八つにしたものである。白・紅・黄・藍の四つの旗に縁取りをつけたものとつけないものの二種類として、縁取《ふちど》りをつけていない四旗は、それぞれ正白旗《せいはくき》・正紅旗《せいこうき》・正黄旗《せいこうき》・正藍旗《せいらんき》とし、縁取りを付けた四旗は、鑲白旗《じょうはくき》・鑲紅旗《じょうこうき》・鑲黄旗《じょうこうき》・鑲藍旗《じょうらんき》と云った。

やや、前置きが長くなったが、巻舒《けんじょ》の巻は巻くこと、舒は広げることである。ここでは、巻を「かん」と読み誤らないことが肝要である。

したがって、「旌旗巻舒」とは、軍旗たる旌旗を巻いたり広げたりすることであり、戦いに明け暮れることを意味する。これは、魏《ぎ》を建国して初代皇帝となった曹丕《そうひ》の云った言葉に基づく。

天津巡撫の設置

豊臣秀吉が「征明」を意図して始めた朝鮮半島への侵略は、日本・李氏朝鮮でそれぞれ呼称が異なっている。日本では文禄慶長《ぶんろくけいちょう》の役《えき》であるが、朝鮮では壬辰丁酉《じんしんていゆう》の倭乱《わらん》と呼称している。一五九二年から九三年までを文禄の役（壬辰の倭乱）、一五九七年から九八年までを慶長の役（丁酉の倭乱）と云い、これによって、朝鮮全土は荒廃した。

このように、戦いが続くことを「旌旗巻舒」と形容するのである。

さて、秀吉の朝鮮出兵において、その領土的野心をはっきり認めた明朝では、遼東《りょうとう》・山東《さんとう》等の防備を固めた。秀吉軍が朝鮮から明に入るとすれば、そのルートは、陸路と海路の二つしかない。陸路よりも、海路の方が明にとっては厄介であった。陸路は、多くの軍事施設の置かれた遼東を通過し、しかも後にヌルハチでさえも一敗地に塗《まみ》れた難関山海関《さんかいかん》を突破しなければならないが、海路は渤海湾《ぼっかいわん》を横断して直接上陸することができるからである。

そこで、とりわけ、「畿輔《きほ》の門戸」といわれた天津《てんしん》には、漕糧《そうりょう》と戦艘《せんそう》を備えて防備を固めただけでなく、新たに巡撫《じゅんぶ》が設置された。巡撫とは、正統《せいとう》年間ころから辺防対策上北辺の要地に置かれるようになり、その地方の軍務を総理した官であった。初代天津巡撫に任ぜられたのは、万暦《ばんれき》二七年（一五九九）に朝鮮経略に転ずる万世徳《ばんせいとく》であった。

天津巡撫設置の目的は、まさに「指呼之間《しこのかん》」とも言うべき近さにある首都北京《ペキン》の防衛であり、その東方にあって北京の食糧倉庫の役割を果たした通州《つうしゅう》の守備にあった。

かつてオイラートモンゴル軍が北京に攻めて来たとき、この通州攻撃の噂を撒き散らして、北京の住民を震《ふる》え上がらせたことがあった。そのため、明朝では大量の軍兵を動員して、米を背負わせて北京城内に運び込んだのであり、通州が襲撃されれば、北京がパニックに陥ることは必至であったのである。

だから、秀吉も朝鮮半島を陸路で通過するのではなく、朝鮮の西海岸に沿って渤海湾に入り、直接天津を衝いたならば、事態はかなり違ったものになったであろう。あるいは日本の歴史、中国の歴史のみならず、東アジアの歴史そのものが、大きく変わったかもしれなかった。

それはともかく、明朝側では、海上から攻撃を受けることを極度に警戒した。それが、天津に巡撫が設置された理由の一つであるが、文禄慶長の役が終焉すると、天津巡撫の役割も終わったので廃止された。しかし、ヌルハチの抬頭《たいとう》とともに、もう一度設置され、それは明の滅亡まで存続したのであった。

隆慶《りゅうけい》四年（一五七〇）に遼東総兵官《りょうとうそうへいかん》に任官して以来、長く軍閥的権勢を誇っていた李成梁《りせいりょう》は、秀吉の朝鮮侵入が起きたときには、その座にいなかった。たまたまその前年に解職されていたのである。しかし、その長男の李如松《りじょしょう》は、提督《ていとく》の職を帯びて薊遼《けいりょう》・保定《ほてい》・山東《さんとう》の諸軍を率いて出征し活躍した。

この李如松に自分の娘を側室として納れるなど、李成梁と親密な関係にあったヌルハチも、明に対して朝鮮救援の出兵を願い出た。これは許可されなかったが、しかし、文禄慶長の役が終息すると、明・朝鮮両方で政治問題化した。ヌルハチの来援の申し出は、李成梁の引きで朝鮮に入り、秀吉の朝鮮出兵の混乱に乗じて、朝鮮を蹂躙《じゅうりん》し、ヌルハチと結託した李成梁によって李氏朝鮮を奪取するという陰謀の企図に基づくものである、と告発されたのである。

このいわば朝鮮占領化の謀略説が、明臣からも出され、朝鮮からも神宗万暦帝《しんそうばんれきてい》に報告された。しかし、李成梁に対する、このような重大な疑惑が提出されても、驚くべきことに、万暦帝は何の関心も示さなかった。疑惑をもたれた李成梁は、結局皇帝から何のお咎《とが》めをうけることもなく、万暦《ばんれき》四六年（一六一八）、首都北京《ペキン》で九三歳の天寿を全うした。

明清交替の天下分け目の戦いといわれるサルフ山の会戦で、ヌルハチが明軍を殲滅《せんめつ》したのは、その翌年のことであった。

明朝の財政破綻

跳梁跋扈《ちょうりょうばっこ》した北虜南倭《ほくりょなんわ》に対する莫大《ばくだい》な軍事費の支出によって嘉靖《かせい》・隆慶《りゅうけい》時代には、その国庫は窮乏のどん底にあった。そのため、宰相になった張居正《ちょうきょせい》は、財政再建のために全国的規模で土地の丈量《じょうりょう》を行った。これは秀吉の太閤検地《たいこうけんち》に先立つことほぼ一〇年前のことであるが、張居正が万暦一〇年（一五八二）に亡くなったとき、政府の倉庫には一〇年分の米と四百万両を越える余剰金《よじょうきん》が備蓄されていた。しかし、せっかく再建がなった財政は、万暦帝が死後の用意として始めた定《てい》陵《りょう》の建設や後宮《こうきゅう》の化粧代だけでも一年間に四〇万両（現在の貨幣価値に換算すると約二〇億円といわれる）というような宮廷の奢侈《しゃし》な生活などのために、ほとんど底をつき、朝鮮援軍に必要な戦費の捻出もままならない状態であった。

明の軍制では、軍兵に対する給与として、衛所軍・募兵の如何を問わず、基本給たる月糧銀《げつりょうぎん》、行軍手当たる行糧銀《こうりょうぎん》などが支給されることになっていた。文禄の役のときの明軍の給与は、一人につき毎月三両六銭という記録がある。したがって、和平交渉後、明軍が徐々に撤退して行き二万人前後になったときでも、給与だけで年間八六万四千両（三両六銭×一二ヵ月×二万人）の支出となるが、とすれば、実際にかかった戦費の総計がどれだけの数字になったかは、想像もつかない。

国庫が空っぽだとすると、戦費の捻出は、当然増税ということにならざるをえない。最初の加派《かは》は、文禄の役の年の一一月に早くも行われ、浙江《せっこう》で銀一二万六銭五百両を得た。以後、加派は恒常化した。とくに遼東・天津・山東での収奪は激しく、富裕な民戸が半分になったという状況すら生じたのであるが、それに加えて、多くの人が兵として朝鮮に駆り出され、あるいは兵糧の輸送に駆り立てられたのであり、人々は重税と徴兵と運送の三重の負担に喘《あえ》いだのであった。

秀吉の朝鮮出兵は、明の防衛体制を弱体化させ、国家財政の窮乏を招き、国運の衰退に拍車をかけた、とよくいわれるが、しかし、民心の王朝離れを惹起《じゃっき》したことこそ、最大の影響といわなければならないのである。

16

双宿双飛《そうしゅくそうひ》 ――「捨て身の提督」・「百年の孤独」・上杉鷹山《うえすぎようざん》の正室と側室

鷹山再び

上杉鷹山《うえすぎようざん》については、「12支《し》葉碩茂《ようせきも》」の項で触れた。

「双宿双飛《そうしゅくそうひ》」の熟語に事寄せて、もう一度触れてみたい。

双はつがいのこと。つがいが一緒に住み、一緒に飛ぶことから、夫婦仲が良く、常に離れることがないことをいう。

「鴛鴦之契《えんおうのちぎり》」、「鴛鴦交頸《えんおうこうけい》」、「鴛鴦之偶《えんおうのぐう》」、「偕老同穴《かいろうどうけつ》」、「関関雎鳩《かんかんしょきゅう》」、「関雎之化《かんしょのか》」、「琴瑟相和《きんしつそうわ》」、「琴瑟調和《きんしつちょうわ》」、「琴瑟之好《きんしつのこう》」、「琴瑟之和《きんしつのわ》」、「琴瑟和同《きんしつわどう》」、「比翼連理《ひよくれんり》」、「夫唱婦随《ふしょうふずい》」、「連理之枝《れんりのえだ》」などは、いずれも夫婦の仲が睦《むつ》まじいことに使われる類語である。

そのような夫婦仲のよいことを云う類語の中から、その代表として「双宿双飛」を見出しにして、鷹山の正室幸姫《よしひめ》と側室お豊《とよ》の方について述べてみたい。

上杉鷹山の出身藩は、高鍋秋月藩《たかあべあきづきはん》であったことは、先に触れた。現在の宮崎県高鍋町である。

高鍋と言ったところで、ほとんどの人が知らないかもしれない。太平洋戦争において、「捨て身の提督」と称され、また最後の連合艦隊司令長官になった小沢治三郎《おざわじさぶろう》の生まれた町である。

焼酎《しょうちゅう》の幻の名酒と喧伝《けんでん》される「百年の孤独」の醸造元は、この町にある。「百年の孤独」という名前は、恐らくは、コロンビアのというよりは、今日のラテンアメリカ文学の代表者というべき、G・ガルシア・マルケスの同名の小説から取られたものであろう。

高鍋藩の由来は、天正《てんしょう》一五年（一五八七）、豊臣秀吉の九州分封によって、秋月種長《あきづきたねなが》が入封したことに始まる。延宝《えんぽう》元年（一六七三）までは、財部《たからべ》藩と称していた。

鷹山が生まれたのは、宝暦《ほうれき》元年（一七五一）七月二〇日のことであった。出生地は江戸麻布一本松の屋敷である。

母は、福岡藩支藩筑前《ちくぜん》秋月の藩主黒田甲斐守長貞《くろだかいのかみながさだ》の娘春姫《はるひめ》。その母瑞耀院《ずいよういん》、つまり鷹山の祖母は、上杉綱憲《つなのり》の末娘で、米沢藩の出身であった。したがって、鷹山の母の春姫は、上杉家につながることになるわけである。残念なことに鷹山が七歳のとき三五歳の若さで逝去《せいきょ》した。

鷹山は、幼名は松三郎、のちに直松《なおまつ》といった。

わずか三万石の高鍋藩に生まれた直松が、輝虎《てるとら》（謙信）に始まり、以後、

景勝《かげかつ》―定勝《さだかつ》―綱勝《つなかつ》―綱憲《つなのり》―吉憲《よしのり》―宗憲《むねのり》―宗房《むねふさ》―重定《しげさだ》―治憲《はるのり》（鷹山）―治広《はるひろ》―斉定《なりさだ》―斉憲《なりのり》―茂憲《もちのり》

と続く、一五万石という大藩の上杉家へ、養子に行くことになったのであるが、それには、こんな事情があった。

上杉藩藩主の重定《しげさだ》と正室（尾張中納言宗勝《むねかつ》の娘）との間に産まれた子供は、女子ばかり三人であった。しかも長女・三女は早世していて、重定の健康次第では、断絶の心配もあり、上杉藩では、跡継ぎ問題は深刻であった。

そこで、このときわずか九歳の年端も行かぬ鷹山が選ばれたのである。鷹山が、養子に選ばれた理由としては、鷹山の祖母瑞耀院《ずいよういん》の、

> 御身男子おはさず、養子の御意なりと聞き侍《はべ》る。余が外孫《がいそん》秋月佐渡守の二男松三郎は今年ややく九歳になれども、発明にして孝心殊勝なり。且《かつ》その遊戯するところ尋常の小児に似ず、人皆奇異の生まれと誉めぬはなし。御身の女幸姫《よしひめ》と取り合はせ、世嗣《よつぎ》となし給《たま》はらば、いかばかりか嬉《うれ》しからむ（『鷹山公偉蹟録《ようざんこういせきろく》』）。

という推薦の言葉が大きかったようである。重定にとっても、従姉の子にあたり、しかも上杉の血が流れているので、異存があるはずもなく、たちまち養子に内定したのであった。宝暦《ほうれき》九年（一七五九）三月のことであった。このとき、義父になる重定は三一歳、幸姫七歳であった。

ところが、その翌年宝暦一〇年（一七六〇）二月二四日に、重定と側室の間に勝熙《かつひろ》が生まれた。しかし、内約がすでに済んでいること、勝熙が側室の子であることのために、同年一〇月一九日、鷹山は江戸上《かみ》屋敷桜田邸に移り、名を直丸勝興《なおまるかつおき》と改めたのである。

今まで、養父の重定には幸姫ただひとりであったのが、鷹山を養子に迎えると、皮肉なことに

続々と男の子が産まれた。第一子の勝熙《かつひろ》に続いて、明和《めいわ》元年（一七六四）には第二子治広《はるひろ》が産まれ、明和六年（一七六九）には第三子勝定《かつさだ》が、さらに明和八年（一七七一）には第四子の定興《さだおき》が産まれたのである。

鷹山が天明《てんめい》五年（一七八五）三五歳の若さで早々に治広に家督を譲って隠居したのも、養子決定以後養父の重定に男子が産まれたことを配慮したからでもあった。

さて、鷹山と幸姫《よしひめ》との婚礼の式は、明和六年八月二三日に行われ、目出度いことなので、米沢上杉藩で国中の赦免《しゃめん》が行われた。このとき、鷹山は一九歳、幸姫は一七歳であった。

本来ならば、この若きカップルは、まさに人生の青春を謳歌すべき時であった。しかし、この結婚は、実に世にも不幸なものであった。というのは、幸姫は精神と身体の発達が異常に遅れて、幼女同然であったからである。ただ人形遊びなどの相手をするより他にはすることもなく、当然夫婦生活というものはなかった。それでも、鷹山は、江戸では側室を持つことはせず、幸姫の遊び相手をして、いつもそばにいた。優しく接する鷹山に対して、幸姫は笑顔を絶やすことはなかったのであった。

とはいえ、大名は、江戸藩邸に正室をおき、国元に側室をおくというのが慣例であったので、鷹山もこれに従った。上杉家の血縁の者からという希望を出したが、適齢のものがいなく、結局選ばれたのは、綱憲《つなのり》の第六子式部《しきべ》勝延《かつのぶ》の娘お豊《とよ》、三〇歳であった。

側室お豊の方

お豊の方は、鷹山《ようざん》よりも一〇歳年上であった。しかも、母春姫《はるひめ》のふた従姉妹に当たった。だが、このお豊《とよ》の方、貞淑《ていしゅく》で教養が高く、歌道を嗜み、またよく鷹山の信念を理解した賢婦人であった。改革に邁進し、とかく孤立しがちであった鷹山を生涯、陰でささえたのである。鷹山は、このお豊の方と仲睦まじく、二人の男子が生まれたが、次男は早世した。

鷹山は、一粒種となった顕孝《あきたか》に望みを託し、その成長に大きな期待と夢をかけていた。寛政《かんせい》四年（一七九二）、藩主治弘の世子《せいし》に決定したあと、細井平洲《ほそいへいしゅう》のもとで勉強させるために、参勤交代《さんきんこうたい》で出府《しゅっぷ》の治弘《はるひろ》に随行させて、江戸に送り出した。このとき、顕孝は、はなむけに父鷹山からは箴言《しんげん》（戒めの言葉）を書きつけたものと愛用の佩刀《はいとう》大小二振《ふたふり》が、母お豊の方からは、文台《ぶんだい》と『康熙字典《こうきじてん》』とが贈られた。

いよいよ出発の日、鷹山は、従者に、

心を尽くして若君を名君に仕上げ、首尾よく供をして帰って貰いたい。余の望みはこれだけである。

と、頼んだのであった。

しかし、これが今生《こんじょう》の別れとなるとは、鷹山もお豊の方も夢想だにしなかった。

その翌年の暮れ、天然痘にかかり、年を越すと間もなく、呆気《あっけ》なく一九歳を一期《いちご》として逝去してしまったのである。その亡きがらが米沢に到着したのは、積雪深き二月のことであった。

鷹山は、最愛の息子を失ったとき、悲しみをこらえて、

十年余《ととせ》り見しその夢もさめにけり

軒端《のきはし》に伝《つた》う松風の声

という弔《とむら》いの歌を作って、嘆き悲しんだのであった。

最愛の息子を失ったが、お豊の方はますます恭謙《きょうけん》となり、鷹山を支えた。正室幸姫の没後、鷹山は、継室をたてなかったし、側室もお豊の方以外にいなかったので、二人は実質的に一組の夫婦であり、藩内の人々も、正室に対するのと同じ尊敬の念を持っていた。鷹山の雨乞《あまごい》祈願のための断《だん》食《じき》のときも、養蚕奨励にも、常に一体となって、まさに「双宿双飛」、「琴瑟相和」、「夫唱婦随」の美しさが見られたのであった。

文政《ぶんせい》三年（一八二〇）二月二一日、鷹山七〇歳古稀《こき》、お豊の方八〇歳傘寿《さんじゅ》の賀筵《がえん》が、質素の中にも歓喜に満ちて、餐霞館《さんかかん》で行われた。その翌年、お豊の方は永眠した。

老いぬれば後《おく》れ先だつ世の中に

心な置きそ死出の山道

鷹山が、深くお豊の方を悼《いた》んで、手向《たむ》けた一首である。

17 南橘北枳《なんきつほくき》 ―― 淮水《わいすい》・元大関小錦《こにしき》・三峡《さんきょう》ダム

川はあったか

橘《きつ》はたちばな、枳《き》はからたち。

中国江南で産出する橘は、たいへん美味であるが、淮水《わいすい》以北に植えると橘は枳となり、味が全く異なってしまう。環境が変われば、性質も変わってしまう、という意味である。

そこから、人間は、住む環境によって、よくなったり悪くなったりするという意味に用いられる。この「南橘北枳」は、春秋《しゅんじゅう》時代の晏嬰《あんえい》の言行録である『晏子春秋《あんししゅんじゅう》』を出典としている。

また、このように、淮水《わいすい》は南北を分ける分水嶺《ぶんすいれい》である。その典型的な事例は、河川の名称である。

中国には、川はない。

と言い切ると、多くの方々は、揚子江《ようすこう》、黄河《こうが》、黒龍江《こくりゅうこう》など中国には、たくさん川はあるじゃないかと奇異に思われるかもしれない。

確かに中国にある河川の数は、日本の比ではない。しかし、よく見ると、どの河川名にも□□河と□□江の二つしかないことに気がつくであろう。中には淮水、渭水《いすい》のように□□水という名称のものもあるが、これは雅《みやび》な言い方であって、本来は淮河、渭河というのである。

それでは、日本の例えば、利根川《とねがわ》とか信濃川《しなのがわ》のように□□川という言い方の河川はないのかというと、そのような名称の河川は全くない（ただし、清代《しんだい》になって新しく中国の支配領域に入れられた新《しん》疆《きょう》などの地域は別である）。第一に、川という文字は river という意味に使われていないのである。勿論、川にかわという意味がない訳ではないが、河と川と江のこの三つの言葉のうち、河と江が河川名に、川は平原とか原という意味で使われているのである。広東《カントン》に崖山《がいざん》、浙江《せっこう》に舟山《しゅうざん》というのがあるけれども、これは山でない。島である。この方式で、日本の五島列島のことを中国では五山とか五峰《ごほう》と云っている。

河と江の区別

河と江の問題に話を戻すと、この文字の用法としては、二種類ある。狭義の用法としては、河は黄河を、江は揚子江（長江）そのものを限定的に指す。広義の用法として、さきに示したように、□□河の総称、□□江の総称として用いられている。

このように、中国の河川の名称が、□□河と□□江の二種類しかないとすれば、その名称の付け方に何らかの法則性というものがあったのであろうか。実はこれが、ある法則性によって、画然《かくぜん》と二つに別れているのである。

それは雨、年間の降水量の多寡である。

つまり、大体九〇〇ミリの線で、それより以北、つまり雨量の少ない方に□□河が分布し、それより以南の雨量の多い方に□□江が分布している。この九〇〇ミリという境界が、実は淮河なのである。

この境界でもって、□□河の地域と□□江の地域に截然《せつぜん》と分かれ、地理的生態的にも、「南橘北枳《なんきつほくき》」的相違が生じているのである。

両者の違いを端的にいえば、雨量の多寡から、九〇〇ミリの境界線以北、つまり□□河の地域は畑作（麦作）、以南つまり□□江の地域は水稲作として区分される。土壌については、九〇〇ミリの境界線を軸に、北の小麦地帯は、気候が半湿から乾燥にわたる地域で、カルシウム土壌をもち、石灰質が十分に保存され、アルカリ性反応をもっている。これに対して、南の水稲地帯は、湿土で酸性を呈し、豊饒な土性ということになる。

このように、雨量の境界線は、土壌ともよく対応し、生態系のこうした仕組みが、人間労働の基本的生産である穀物生産の種類をも区分しているわけである。これが河川の性格にも影響を与え、その性格の違いが、中国の河川を河と江とに区分することになるのである。泥土を多く含むか含まないかの区分である。水一トンに対する泥土の含有量は、揚子江が〇・四キロであるのに対して、黄河は三七・六キロにもなるという。

なぜこのようにたくさんの泥土を黄河が含むかと言うと、山西《さんせい》・陝西《せんせい》・甘粛《かんしゅく》の黄土高原《こうどこうげん》の間を通過する際に支流によって運びこまれるからであり、黄土は、一度多量の水分を吸収すると、大きく崩壊作用を起こすからである。この崩壊作用の大きさが、圧倒的な泥土の量を生み出す要因となった。

一年間に流れ出る泥土の量は、一三億八千トン、相撲の元大関小錦の約五九二万人分だという。こうして有史以前から河口にたまった量は、約二〇万平方キロ、日本の総面積が約三七万平方キロであるから、その半分にもあたる面積を、中国人は懐に手をいれたまま得たことになる。

しかし、逆にこの大量の泥土を含む黄河の流れは、どんどん溜まっていって川底を押し上げ、天井川となっていった。それによって、この二千年間に堤防の決壊一五〇〇回、河道《かどう》の変化二六回を誘発した。パンダ（熊猫）は、現在では四川《しせん》にしかいない。しかし、古代には長安《ちょうあん》あたりまで広く生息していたようである。黄河流域の環境の激変がパンダの生息地を縮小して行ったのである。

中国の北部は、乾燥地帯ゆえに河川の周辺に湖沼《こしょう》がないので、出水期に鉄砲水の形で河川が溢れると、すぐに堤防の決壊ということになる。揚子江の南部では、逆に湖沼が多いので、これらが遊《ゆう》水池《すいち》としての役割を果たし、鉄砲水の形態は出て来ない。

このような河川流域の住民の生活安定からみたら、中国文明の基礎をささえる農耕の発祥地は、しばしば大暴れする黄河よりも、揚子江のほうになりそうなものであるが、黄河がその発祥地になったのは、その洪水故であった。黄河が氾濫《はんらん》した後には、耕作に適したアルカリ性の土壌が残されたのである。揚子江に湖や沼が多くても、当時の開拓技術では、なかなか農作地にするのにはむずかしかった。それが、黄河流域が先進地帯として、揚子江地帯は後進地帯として、古代史に登場する理由のひとつでもあった。

結局、中国の河川は、泥土を多く含む流れとしての「河」と泥土を含まぬ流れとしての「江」に区分され、自然生態系のもつ「泥」が河川の性格をかえ、逆に人間の生産活動にも大きな影響を与えたのであった。

中国歴代の首都

全ての河川の名称が、河と江の二つに収斂される河川の岸辺に、中国の人々の生活があり、生活は時と交わって歴史を育んで来た。古代史の表舞台に登場するのは、さきにも触れたように、当時先進地帯であった黄河の流域とその水系に育った都市であった。中国古代の諸王朝の首都は、ほとんどが長安（いまの西安《せいあん》）、洛陽《らくよう》におかれ、今日世界有数の大都市である北京《ペキン》の地は、まだ単なる地方の一都市に過ぎなかった。

いわゆる固有名詞としての「北京《ペキン》」が成立したのは、一四〇三年に永楽帝《えいらくてい》が甥にあたる建文帝《けんぶんてい》との政権奪取の戦い（靖難《せいなん》の役《えき》）に勝利して、のちに南京《ナンキン》から都を移してからである。明《みん》の太祖《たいそ》は最初南京に奠都《てんと》したわけであるが、正統なる皇帝の建文帝から政権を簒奪《さんだつ》した永楽帝は、今の北京の地に遷都した。固有名詞としての「北京」は、こうして成立した。

固有名詞としての「北京」が成立する以前は、単に普通名詞として、「北の都」という意味で使われていた。それは時代によってその時の首都からみて、北に当たる都であるから一定していない。陳舜臣の小説で有名になった耶律楚材《やりつそざい》の先祖の立てた遼という王朝の首都は、東北部の上京《じょうけい》臨潢府《りんこうふ》というところであったので、現在の北京はそれから見ると南の方に当たるので、「南京《なんけい》」と呼ばれていた。固有名詞としての「北京」が成立し、中国の政治的中心地になったのは、そのような訳で、一五世紀の初頭からであった。

古代においてその中心をなしたのは、現在では単なるローカル都市になってしまった長安《ちょうあん》と洛《らく》陽《よう》であった。長安に都した王朝としては、劉邦《りゅうほう》のたてた漢《かん》、李淵《りえん》のたてた唐《とう》があり、洛陽《らくよう》に都した王朝としては劉秀《りゅうしゅう》のたてた後漢《ごかん》、曹丕《そうひ》のたてた魏《ぎ》、司馬炎《しばえん》のたてた西晋《せいしん》などがある。

このように古代中国の中心となったのは、黄河中流域であった。この地域が中原《ちゅうげん》と呼ばれた。かつてポスト中曽根をめぐって、竹下登・宮沢喜一・安倍晋太郎の三氏がはげしく鍔《つば》ぜり合いをしていたとき、訪中した宮沢氏に中国の要人が総裁選に出馬する意向があるかどうか、を聞いたとき、宮沢氏は黙って色紙に、「中原逐鹿《ちゅうげんちくろく》」の四字熟語を書かれたとか。これは都に攻め入っていき、鹿（帝位）を得ようと争う、という事になり、これによって並々ならぬ決意の程を示されたわけである。

エキゾチックな南方

このように黄河流域が中国の中心であった時代においては、長江流域は一部春秋戦国時代から進んだ地域があったとはいえ、未開の地も少なくなく、中原の人からみれば、南方の風俗も野蛮に見え、一種のエキゾチックを感じたようである。

長江の南部、すなわち江南に大変興味を抱いた皇帝としては、隋《ずい》の煬帝《ようだい》が有名である。江南に行幸するために、運河をつくる土木工事をおこし、そのため国を滅亡させた暴君とされている。「死せる孔明《こうめい》、生ける仲達《ちゅうたつ》を走らす」といわれて、あたかも無能かのごとく、揶揄《やゆ》されている司馬仲達《しばちゅうたつ》の孫にあたる西晋をたてた司馬炎（武帝）もまた、大変江南に興味を抱いた一人であった。この司馬炎は、今の南京《ナンキン》の地にあった呉《ご》の国を滅ぼして統一を成し遂げることになるが、そのとき呉からおびただしい美女を連れて帰った。

司馬炎は、エキゾチックな美女を獲得したいが為に、呉の征伐に乗り出したとさえ云われている。呉の都のあった今の南京にしろ、そこと近い蘇州《そしゅう》にしろ、ここら辺りは昔から美人の産地として有名であった。春秋時代には、ここらに呉というのと越《えつ》というのがあって、ずっと敵対関係にあ

司馬炎（晋武帝）像（『三才図会』より）

った。ライバル同士が同じ場所にいること、あるいは同じ行動を取ることを、「呉越同舟《ごえつどうしゅう》」というのは、これに由来する。この呉と越との争いは、越王勾践《こうせん》が苦難の末、呉王夫差《ふさ》を破ったことで有名である。この勝利に寄与したのが、西施《せいし》という美女であった。勾践は、この西施を夫差に献上して、西施に溺れた夫差を滅ぼしたのであった。

　西晋をたてた司馬炎にとっては、江南地方はこのような歴史上に名高い美女の産地としての関心があった訳である。洛陽にかえると、一人ずつ部屋を与えて、毎晩そこに通った。ではより取りみどりの美女の中で、その晩の相手をどうやって決めたかというと、司馬炎の乗った羊車がとまった部屋の女性に決めたというのである。ところが、なかなか頭の良い女性がいて、羊が足を止めるように、羊が好きな塩を部屋の前においたので、いつもその塩の前で羊が足を止め、その女性は寵愛《ちょうあい》をうけたという。皇帝の種を宿し、その子が次の皇帝になれば、一躍皇帝の生母として皇太后《こうたいごう》になれるし、子供が皇帝になれなくても、子供を生んでいれば、現皇帝の崩御の後も手厚い保護を受けられる（なお、皇帝に孫の代が即くと、皇太后の称号は太皇太后《たいこうたいごう》に変わる）。逆に寵愛《ちょうあい》をうけることもなく、子供も生んでいなければ、皇帝の没後は尼寺に行かされ、若い身空《みそら》で一生飼い殺しであるから、美女たちも必死な訳である。
日本でも、料亭で夕方玄関に盛塩《もりじお》をするが、千客万来を願ってするこの習慣は、いま話したことに由来する。

このように、中原の人々からみれば、未開でエキゾチックであった長江流域、とりわけ江南が重要な意味をもって歴史の表舞台に登場するのは、安禄山《あんろくざん》の反乱以後のことである。

唐玄宗像（『三才図会』より）

安禄山の乱

玄宗《げんそう》と楊貴妃《ようきひ》のロマンスは、白楽天《はくらくてん》の「長恨歌《ちょうごんか》」に歌われ、大変有名であるが、この二人の間に割り込んできたのが、安禄山という、父はイラン系のソグド人、母は突厥人《とっけつじん》という男であった。安禄山は、大層口のうまい男であり、その上サービス精神旺盛であったので、えらく楊貴妃に気にいられて、その後押しで玄宗の歓心をえて、たちまち十三万余りの強大な兵力を有する節度使《せつどし》に任命された。この安禄山が、大した才もないのに楊貴妃の親戚であるというだけで宰相の位

楊貴妃墓

についていた楊国忠《ようこくちゅう》との権力争いに敗れると、この楊国忠を除くという名目で反乱を起こした。久しく平和に慣れてしまって、軍備が緩んでいたために、どこもかしこも安禄山軍に蹂躙《じゅうりん》され、たちまち都の長安も洛陽も陥落してしまった。そのため、玄宗は楊貴妃を連れて長安を脱出して揚子江上流の四川に逃げ込もうとした。これはまさしく「とんずら」なのであるが、それでは体面が悪いので、「蒙塵《もうじん》」という都合の良い言葉がある。このとんずらの最中の馬嵬《ばかい》という所で、玄宗に付き従っている兵隊たちが、かかる事態に陥ったのは、楊貴妃のせいだと騒ぎだし、結局玄宗は泣く泣く楊貴妃を殺さざるをえなくなった。楊貴妃の墓が馬嵬にあるのは、そのためである。

ともあれ、この安禄山の反乱は八年間にわたり、唐の繁栄は二度と戻らなかった。「国破れて山河あり」、詩人の杜甫《とほ》はこう歌い、嘆いたのである。

それでも、唐という王朝は、この反乱で滅亡したわけではない。唐はこれからなおも一五〇年も続くのである。建国（六一八年）から玄宗の時代までが、一四〇年ばかりであるから、その後さらに同じ年月、王朝が続いたことは驚くべき事である。しかも、皇帝の力は失墜《しっつい》し、反乱鎮圧に活躍した武将たちが各地に軍閥《ぐんばつ》勢力を築き、国内は分裂状態、宦官《かんがん》が政治の表舞台に出て来て跳梁跋扈《ちょうりょうばっこ》する、中国の周辺部には今まで唐に服属していたウイグルとか吐蕃《とばん》といった民族が勝手に侵入して来る、そのような状況の中で、それでも唐はそれから一五〇年も続いたのであった。

それは、安禄山の反乱軍の行動範囲が中国の北部に集中し、揚子江流域から南の地域は、その影響が少なく、平穏であったこととも関係する。それどころか、中国北部が戦乱によって荒廃したのに対して、揚子江の南部には、戦乱をさけて逃げて来る人が多くなり、それらの人によって開発が進み、開発が進んだことによって人口が増加し、それによって生産性が向上した。唐はこの江南の経済力を利用するために、運河を整備し財政の立て直しを図ったのである。このとき、大変寄与したのが、隋《ずい》の煬帝《ようだい》が作った運河であった。唐では、煬帝を悪虐《あくぎゃく》皇帝に仕立てるために、運河の土木工事も槍玉《やりだま》に上げているが、皮肉なことに、飯を炊《た》く人という意味になる煬帝という諡《おくりな》を贈ってこけにした煬帝の事業に世話になったのであった。

命綱の江南地方

唐が安禄山の反乱後も、一五〇年も続いた最大の要因は、財源地帯として揚子江南部をともかくも確保したからであった。したがって、命の綱と頼むこの江南地方を失なったときが、唐の滅亡の時であった。

それが現実となったのが、黄巣《こうそう》の反乱であった。

黄巣の家は塩を扱う商人であったが、私塩《しえん》つまり塩の密売でも莫大な利潤をあげて勢力を蓄えていった。塩は国家の財政を支える重要な専売品であり、財政が窮迫すると原価の数十倍もする値段をつけるということをした。そうすると、塩場から横流しされた、専売の塩より値段の安い私塩、つまり闇塩《やみじお》が横行し、公認された塩商《えんしょう》自身が、御用商人・特権商人としての立場を利用して、莫大な利潤の抽出を行う。しかし、私塩の横行は、官塩の販売を邪魔するから、私塩に対する取り締まりが強化される。そうなると、密売する方も、昨今の麻薬を密売する広域暴力団のごとく、徒党を組み、武装したのである。

黄巣自身は、読書人としての教育をうけ、科挙《かきょ》の試験をうけるけれども、何度も失敗して、段々と唐への反逆の意志を強めて行くことになった。乾符《けんぷ》元年（八七四）、黄河の下流域で大飢饉がおこると、その翌年黄巣《こうそう》は山東で反乱を起こした。黄巣軍は揚子江を渡り、浙江《せっこう》・福建《ふっけん》を経て広東《カントン》に向かった。実はこれらの地方こそ、さきにも述べたように、唐という王朝が命の綱と頼む最も大切な穀倉地帯だったのである。いったん広東に達した黄巣の軍は、北上して湖南より湖北に進み、広明《こうめい》元年（八八〇）には洛陽を陥れ、つづいて長安を占領して大斉《たいせい》という国を建て、黄巣自ら帝位に即いた。四年ののちに長安は回復されたが、一つの反乱がこれほど全国を動き回って破壊力を発揮したことは、従来にはなかったことで、唐朝の支配秩序は、これで完全に崩壊してしまった。

さらに、揚子江南部の経済力を失った唐が決定的なダメージをうけたのが、「白馬之禍《はくばのわざわい》」と呼ばれる事件であった。黄巣の反乱鎮圧後、盗賊上がりの朱全忠《しゅぜんちゅう》が次第にのし上がって、長安に攻め込んで宦官を大量に虐殺した。宦官はホルモンが変調し、髭《ひげ》の薄いものが多かった。それで髭の薄いものは片っ端から殺された。宦官と間違えられ危うく殺されそうになった人は、あわてふためいて服の前をはだけて男であることを証明したのであった。この宦官虐殺と同時に、唐の皇族や古い家系を誇る貴族達は、ことごとく洛陽郊外の白馬駅に集められ、黄河の濁流に投げ込まれて殺されたのであった。

ここに南北朝時代以来、連綿として続いて来た貴族政治は、終わりを告げ、時代は大きく転換した。

このあと、五〇数年ばかりの間に五つの王朝が交替した「五代《ごだい》」という時代を挟んで出現した宋《そう》という王朝とそれ以後の中国の政治と文化は、以前の貴族にかわって、科挙《かきょ》の試験を合格して来た官僚が、その担い手の中心となったのである。宋は、北宋と南宋とに分けられるが、経済的には、もはや揚子江南部の経済力なしには、存立し得なくなった。

とりわけ、南宋の領土は、淮水から北の方は異民族の金王朝に占領されたため、淮水以南だけという、まさしく中国の半分しか所有していないのに、高度に文化が発達し、一五〇年余り（一一二七〜一二七九年）も存続し得たが、それは、言うまでもなく江南の経済力に負うところが大きかったのである。

江南の農業生産力を象徴する言葉が、「江浙《こうせつ》熟《じゅくすれば》天下足《てんかたる》」である。とくに揚子江下流域のデルタ地帯の収穫量は、全国平均の二、三倍、多いところでは五、六倍もの収穫をあげたといわれ、最大の穀倉地帯になった。このように生産水準が高度に上がったことが、中国の本来の半分しか領土としていない南宋という国家が、それでも一五〇年余りも存続した理由のひとつであった。

生産水準の向上の背景としては、農業技術的には、今のベトナム地方から、占城米《せんじょうまい》という、日照りに強く早熟の新種米が輸入され、これまで水の便が悪く、米の作れなかったところにまで、米作ができるようになったこと、二期作も行われるようになったこと、農業工学的には、河岸や池、あるいは湿地帯などを干拓して堤防で囲んだ圩田《うでん》とか囲田《いでん》とよばれる大規模な耕作地をつくり、可耕地面積が飛躍的に拡大したことなどが指摘できる。

このような江南の経済上の重要性は、宋のあと中国を占領したモンゴル人の元という王朝の時代にあっても、そのあとの明や清の時代にあっても、揺るぎなく、段々と、いわゆる「江」の地域は生産地域、いわゆる「河」の地域は消費地域という、甚だ大雑把であるが、そのような図式になっていった。「江浙熟天下足《こうせつじゅくすればてんかたる》」という言葉は、明の中葉まで存続し、そのあとは、「湖広熟天下足《ここうじゅくすればてんかたる》」なる言葉が生まれ、最大の穀倉地帯は、揚子江《ようすこう》の中流域の湖広《ここう》地方にとって代わられてしまうが、しかし江南の経済的重要性が低下した訳ではない。

江南が天下に冠たる穀倉地帯であることをやめたのは、農村工業の発達にともなって、米を作るよりももっと換金性の高いもの、生糸や絹織物などを作ることに傾斜して行ったからであった。つまり商品生産の性格を強めて行ったのである。したがって、明清時代の首都は、北京《ペキン》であったけれども、江南の蘇州がファッションの最大の発信地と云われた。阿片《アヘン》戦争以後、上海をはじめ揚子江の下流域が圧倒的にイギリスの権益になったのは、イギリスがその経済性を重視していたからに他ならない。フランスやドイツなどもそこへ食い込もうとしたが、経済権益は、すっかりイギリスに独占されてしまって、弾《はじ》き飛ばされたために、別な地域に手を出して、その結果、中国は、あちこち虫食い的に半植民地化されたわけである。

中国人男子一生の四つの願いといえば、「生は蘇州《そしゅう》に在り、住は杭州《こうしゅう》に在り、食は広州《こうしゅう》に在り、死は柳州《りゅうしゅう》に在り」と云われるが、もはや世界四大文明のひとつ、黄河文明を生んだ地域は、四つの願いには一つもはいっていない。

今日、中国の北部、いわゆる「河」の地方と「江」の地方の経済的格差は、いかんともしがたくなっている。上海《シャンハイ》を中心とした江南の人々は、北京を中心とした北部に、ただ召し上げられているだけだという意識が強い。前に学会で中国に行ったとき、現にそのような不満について聞いた。

将来、中国を一つにしている箍《たが》が外れて、旧ソ連のように、それぞれの地域が独立することになったら、経済的に豊かな揚子江流域の国々、歴史的には古いが経済的には苦しい国々が多い黄河《こうが》流域、という二つに整然と分れることであろう。それを避けるために、中国政府は、常に求心力を求め続けなければならないのである。

三峡ダムに見る中国の未来像

それはともかくも、中国を理解する上で、河と江という二つの概念を持ち出すことは、単に歴史的考察としてのみならず、中国の未来像を考える上でも、有効な手掛かりではないかと思う。

例えば、三峡《さんきょう》ダムのプロジェクトが、なぜ諸々の問題点を孕《はら》みながらも強行されたかということをみても、中国が長江を中心とする「江」の地域に依存することなしには、将来生き残って行くことができないということを象徴的に示しているのではないかと思う。

三峡ダム建設は、一九九二年四月の七期全国人民代表大会で出席者二六三三名のうち、賛成一七六七票、反対一七七票、棄権六四四票、出席者投票数の三分の二を僅かに一二票を上回るだけで可決したものである。そして九四年一二月に正式に着工したが、このような僅差《きんさ》でしか、世紀の大プロジェクトともいうべき三峡ダムの建設が可決しえなかったということは、これがいかに多くの問題点を含んでいるかということの現れでもある。

計画そのものは、すでに早く孫文《そんぶん》が一九一九年に提唱した。しかし、技術的な面を含めて、様々な点で克服すべき問題が多すぎ、今日まで持ち越されて来たのであった。三峡とは瞿塘峡《くとうきょう》、巫峡《ふきょう》、西陵峡《せいりょうきょう》の総称である。この三つの峡谷を含む巫山山脈《ふざんさんみゃく》を貫流するのが、この三峡ダムであり、貯水池の長さだけでも約六〇〇km、つまり東京から神戸あたりまでの長さに相当する巨大な貯水庫を持つダムである。

計画概要によると、総貯水容量二三九一億m^3、ダム高一八五m、年平均発電量八四七億kwhということである。三峡ダム建設によるプラス面としては、発電、洪水防止、河川航運、下流域の灌漑、水の供給などがあげられる。その反対にマイナス面としては、一一一万人の住民の移転問題、生態系等環境に与える悪影響、古跡・史跡の水没、自然景観の破壊などが指摘されている。ちなみに、水没地域だけをみても、農地九八七五三ha、市一三、町一四〇、村一三五二、工場六五七、重要史跡四〇が消えてなくなるのである。

当初の計画では、二〇〇三年に第一号の発電機が稼働し、二〇〇九年には完成の予定である。しかし、果して順調に行くのか、懸念《けねん》されるところである。というのは、一九六〇年に完成した黄河中流の河南省《かなんしょう》と山西省《さんせいしょう》の省境につくられた三門峡《さんもんきょう》ダムでは、ダム完成の直後に貯水してみると、出来たばかりのダムが崩壊する危機に見舞われ、あわてて改造工事にとりくむという事態が出来《しゅったい》した。そのような教訓が生かされるのか、それと同時に危惧されるのは、山崩れ、地滑り、土砂崩れ、ダムの耐震性等の安全性の問題である。

三峡ダムは、ひとり中国の国内問題に止まらない。

実は日本も大いに関係あるのである。日本への影響について、結論から先に言えば、日本の銀行や証券会社は、住専問題のように、ふたたび不良債権を抱え込むことは必至であると言わなければならないであろう。

第一期計画における資金調達計画書によると、総計一四七六億元、一元を一三円で計算すると、一兆九一八八億円である。これに対して、自己資金は、一四二億元、わずか九・六％に過ぎない。これをみれば、殆どサラ金で大事業をやるようなものである。物価上昇率・借款金利なども入れれば、投資額は優に二〇〇〇億元、日本円で二兆六〇〇〇億円を越すと云われている。

日本では、東芝、日立、三菱重工業などによって構成された日本企業連合の発動機の応札《おうさつ》を支援するために日本輸出入銀行が融資することを、すでに一九九六年に表明しているが、それより問題なのは、中国国家開発銀行が日本市場で起債《きさい》した三〇〇億円にのぼるサムライ債である。アメリカは、人権・環境への悪影響を理由に、アメリカ輸出銀行が自国企業への融資をとりやめ、またモルガン・スタンレー社とメリル・リンチ社も、アメリカ債券市場の三峡債《さんきょうさい》の幹事役を引き受けることを拒否したのであるが、日本ではそれとは反対に野村証券等が幹事役となって三〇〇億にのぼる第一回目のサムライ債を一九九六年に引き受けたのである。このなかには、すでに倒産した山一証券（一二億円）も、長銀証券（八億円）もはいっているが、ともかく償還期間一〇年（満期償還は二〇〇六年）であるから、返済の見込みはゼロの可能性が高い。順調に建設が進んでも、全てが完成し、稼働《かどう》し始めて収益が上がるのは、二〇〇九年であるからだ。

さらに問題なのは、使途不明金の増大、あるいは建設資材の盗難などによる資金需要の水ぶくれである。その資金調達先として当てにされているのは、日本なのである。住専処理にかこつけて、低利でかき集めた資金を、欲の皮の突っ張った日本の金融機関が、高利に釣られて三峡ダム建設資金に投資し、これが焦げ付くとまた日本国民の税金で尻拭《しりぬぐ》いするという構図が、丸見えである。

江沢民《こうたくみん》が前に日本に来たとき、えらく尊大な態度で歴史問題を先延ばししたのも、日本からこれからも目一杯投資させて、あげくの果てには、日本の過去の問題をまたぞろ持ち出して、それと絡《から》めて踏み倒すつもりなのではないかと私は疑っている。

中国の歴史を勉強し始めて三〇年の私は、必ずやそのようになるであろうと不吉な確信を抱いている。

そんな不吉な確信は、的外れであることを切に願う次第である。

18

南蛮鴃舌《なんばんげきぜつ》――『孟子《もうし》』・「白浪五人男《しらなみごにんおとこ》」・『吾輩は猫である』

中国の意味

今天中華人民共和国成立了（本日、中華人民共和国は成立した）。

と、毛沢東《もうたくとう》が湖南語訛《こなんごなま》りの鼻にかかった声で、天安門《てんあんもん》の二階から中国の内外に向かって建国を宣言したのは、一九四九年（昭和二四）一〇月一日のことであった。天安門広場での開国式典には、一〇〇万という群衆が参加して挙行された。

それ以来、この日が国慶節《こっけいせつ》と定められ、春節につぐ国民的祝日となった。

ちなみに、台湾の中華民国の方では、一〇月一〇日を双十節《そうじゅうせつ》と云い、この日を建国記念日としている。一〇月一〇日は、贅語《ぜいご》するまでもなく、一九一一年（宣統《せんとう》三）一〇月一〇日に起き、辛亥《しんがい》革命《かくめい》の導火線となった武昌起義《ぶしょうきぎ》に依拠したものである。

中国という用語は、現在、政治外交の分野で、中華人民共和国や中華民国の略称として、あるいはその地理的領域を示す語として用いられる場合と、より広い視野から民族・文化などを包摂《ほうせつ》する柔軟で多義的な概念として用いられる場合がある。現在のように、中国が一般的自称として用いられるようになったのは、一九世紀半ば以降のことである。原義は、夷狄《いてき》に対置される概念で、文化の優れた民族の居住地域、国土を示す自称の一つであった。

つまり中国という語は、中朝・中土・中州・神州・中華・華夏・天朝・皇朝・本朝・本国などの概念と共通に相連なる普通名詞であった。

したがって、華夷思想を持つならば、日本であろうと東南アジアの国々であろうと、どこの地域が自称してもかまわないものであった。山鹿素行《やまがそこう》の『中朝事実《ちゅうちょうじじつ》』は、中国のことを述べたものではなく、日本の歴史を叙述したものであるが、これは原義的な使い方であったのである。

ただ、中国は、中華思想の表現として夷狄に対応して、中国自らを云った呼称であったので、次第に固有名詞としての性格が強まり、清《しん》の国名、あるいは清の疆域《きょういき》を示す語として用いられることが多くなった。

ところで、たとえ、中国が空間的概念という要素をもっていたとしても、その範囲は常に伸縮していた。周代《しゅうだい》は河南《かなん》付近だけに過ぎなかった。それに呼応して、中国を取り巻く東西南北の夷狄、具体的に言えば、東夷西戎南蛮北狄《とういせいじゅうなんばんほくてき》の範囲も、時代に応じて伸縮した。

後世には、南蛮というと、スペイン人やポルトガル人を指すようになるけれども、揚子江《ようすこう》以南の人々だけのみならず、今の湖南《こなん》の人々を呼称した時期もあった。

『孟子《もうし》』滕文公《とうぶんこう》章句《しょうく》上に、

今や南蛮鴃舌《なんばんげきぜつ》の人、先王の道を非とす。

とある南蛮は、南方の野蛮人の意で、かれらは百舌鳥《もず》のさえずるような変な言葉（方言）を使う人であると云っている。

現在でさえも、北京《ペキン》の人が、広東《カントン》や福建《ふっけん》に赴任したら、日常生活に大変困るのではないかと思うほど、音韻・語彙・文法などに様々な言語的相違がある。孟子《もうし》の時代においては、当然普通話のような共通語はないから、南方の人の話す調子は、北方の人にはまさに鴃舌《げきぜつ》、すなわち百舌鳥《もず》の鳴いているかのようにやかましく聞こえ、何を言っているのか分からないと、感じられたことであろう。このことから、「南蛮鴃舌」という四字熟語は、外国人の意味の分からない言葉を、蔑《さげす》んでいう言葉となった。

中国と自称する地域は、いわゆる漢民族の発展にともなって、その範囲を広げていくことになり、それによって南蛮北狄の範囲にも、変動が生じていった。

「支那」・「漢」・盗賊

中華民国を英訳すると、「リパブリック・オブ・チャイナ」である。この訳語を逆輸入直訳すると、「支那共和国」となる。しかし、今や支那という語は使わない。

そのようになったのは、昭和二一年（一九四六）六月六日以降のことである。外務省総務局長が、都下の主な新聞雑誌社に対して、「中華民国の呼称に関する件」なる通達を出したからであった。これは、中華民国が支那という文字を嫌い、公式非公式にその使用を止めるように要求があったのを受けて、外務省官僚の一片の通達によって抹殺《まっさつ》されたのであった。

感情的に嫌がることは、抹殺してよいということになるならば、抹殺すべき言葉は、無数にあるであろう。

例えば、中華思想を標榜《ひょうぼう》する漢民族の「漢」という文字を頭や尻につけて、蔑《さげす》んだ言葉だって、無数にある。痴漢《ちかん》・卑劣漢《ひれつかん》・悪漢《あっかん》・凶漢《きょうかん》・無頼漢《ぶらいかん》・酔漢《すいかん》・門外漢《もんがいかん》などは、そうである。漢子・漢児も「この漢人め」という貶称《へんしょう》である。これらは、当然漢民族自体が使う訳がない。中国に入り込んだ北方民族が使い始めた言葉である。それが、定着したのである。

とはいえ、男らしくてこのましい男ということを意味する好漢《こうかん》と云う良い言葉もあるのではないかという反論もあろう。確かに、「好漢は好漢を識る」（立派な男子は立派な男子の価値を認める）という文言が、『水滸伝《すいこでん》』第一回にあるし、また「好漢不当兵、好鉄不打釘」（良い人は兵隊にならず、良い鉄は釘には使わぬ）ということわざもある。好漢は、このように役に立つ男、立派な男ということではあるが、これが「緑林好漢《りょくりんこうかん》」と四字熟語になると、盗賊・無法者のことを指すことになる。これに類する四字熟語として「緑林豪傑《りょくりんごうけつ》」、「緑林豪客《りょくりんごうかく》」がある。

豪傑・豪客も、それが単独ならば、好漢と同じように、良い意味であるが、四字熟語になると、盗賊のことになってしまうのである。

　緑林自体も、盗賊の異名である。もともとは湖北省安陸府当陽県《あんりくふとうようけん》にある山名であるが、前漢末期、「新《しん》」王朝を建てた王莽《おうもう》の時に、王匡《おうきょう》や王鳳《おうほう》等無頼の徒数百人が、この山に隠れて強盗をなしたことから、緑林といえば盗賊のこととなった。

　緑林にはまた、白波《はくは》と合わさった「緑林白波《りょくりんはくは》」という四字熟語もある。白波もまた盗賊、盗っ人の異名である。白波は、白波谷《はくはこく》という堡塁《ほるい》の名で、山西省汾城県《ふんじょうけん》にあった。後漢の霊帝《れいてい》の時に、張角《ちょうかく》を首領とし、目印に黄色い頭巾《ずきん》を被った黄巾《こうきん》の賊《ぞく》と呼ばれたものたちが、ここに籠《こも》って掠奪《りゃくだつ》をした故事に由来する。

　日本では、白波と訓読の通じる白浪を盗賊の異称とした。歌舞伎《かぶき》の河竹黙阿弥《かわたけもくあみ》作「青砥稿花紅彩画《あおとぞうしはなのにしきえ》」は、通称「白浪五人男《しらなみごにんおとこ》」と呼ばれ、有名である。ここでは、日本駄右衛門《にほんだえもん》・南郷力丸《なんごうりきまる》・忠信利平《ただのぶりへい》・赤星十三《あかぼしじゅうざ》・弁天小僧《べんてんこぞう》の五人の盗賊が活躍する。このような盗賊を主人公とする歌舞伎・講釈を白浪物《しらなみもの》と称した。「三人吉三《さんにんきちさ》」・「鼠小僧《ねずみこぞう》」などは、その代表作である。

　再び、中国の盗賊の話に戻ると、「草頭天子《そうとうてんし》」・「梁上君子《りょうじょうくんし》」という四字熟語もある。天子・君子はからかって云う語であるが、草頭は草寇《そうこう》で、こそどろ・盗賊の頭ということであり、梁上は梁《はり》の上に潜《ひそ》む泥棒・盗賊のことである。

これから転じてネズミの異名にもなった。

梁上の君子抔《など》と云って泥棒さへ君子と云ふ世の中である。但し此場合に於ける君子は決して警察の厄介になる様な君子ではない。

『吾輩は猫である』の一節である。

緑林《りょくりん》というと、すぐに想起されるのが、一九二八年（昭和三）六月、北伐《ほくばつ》を進める国民政府軍に追われて北京《ペキン》から奉天《ほうてん》（今の瀋陽《しんよう》）に特別列車で帰る途中、日本の関東軍《かんとうぐん》に爆殺《ばくさつ》された張作霖《ちょうさくりん》のことである。中華民国時代の軍閥《ぐんばつ》、奉天派の巨頭《きょとう》にまで上り詰《つ》めた張作霖の、そもそもの出発点は、緑林であった。馬賊《ばぞく》である。遼寧省海城《りょうねいしょうかいじょう》の貧農の家に生まれた張作霖が、遼河《りょうが》流域の馬賊の群に飛び込んだのは、一八九六年、清朝側に帰順したのが一九〇二年、以後清末民国初期の東三省《とうさんしょう》の動乱を巧みに利用して、官職と軍権を獲得し、その勢力を拡大していった。

さて、張作霖爆殺事件であるが、奉天軍の敗色濃厚となったのを機に、日本の関東軍は、武力によって張を下野《げや》させて、新政権を作り、満洲を日本の特殊権益地帯《とくしゅけんえきちたい》として国民政府から分離しようと意図した。しかし田中義一《たなかぎいち》首相は、なお張作霖を通して満洲における日本の権益の擁護を図ろうと、張に北京から奉天へ引き揚げるよう勧告した。一九二八年六月四日午前五時半、張作霖の乗った列車が奉天に近づいたとき、関東軍高級参謀河本大作《こうもとだいさく》らは、武力行使のきっかけをつくるため、密《ひそ》かに計画して列車を爆破し、張を死亡させた。

事件は、「南方の便衣隊《べんいたい》」（国民政府のゲリラ）の仕業《しわざ》とされたが、河本らの謀略であることを知った田中首相は、元老西園寺公望《さいおんじきんもち》の意向もあり、犯人を軍法会議にかけて、真相究明に当たる決意を固め、天皇にもその旨を上奏した。しかし、陸軍や閣僚の多くに反対されて、軍法会議は開催されず、関係者は警備上の不手際を理由に処分されただけであった。野党側からは満洲某重大事件として、政府の責任を追及され、天皇からは上奏での食言《しょくげん》を叱責《しっせき》され、田中首相は昭和四年（一九二九）七月、退陣に追い込まれた。

奉天軍の方も、張作霖の死亡を、しばらくの間秘密にした。息子の張学良《ちょうがくりょう》が、六月一八日、前線から秘密裡《ひみつり》に奉天に帰着した翌一九日に、東三省保安会が成立し、張学良は、奉天軍務督弁《ほうてんぐんむとくべん》に推された。張作霖の死亡が、正式に公表されたのはその二日後の二一日のことであった。二三日に密葬し、八月五日より三日間葬儀を行なうことになった。

葬儀後、張学良時代の幕があけた。

七月四日、張学良は、東三省議会連合会の推挙によって、東三省保安総司令兼奉天省保安司令に就任した。就任を機に、南京《ナンキン》の国民政府へ、

軍事を停止し、生霊《せいれい》を休養し、統一を決して妨害しない。

という旨の和平通電を発した。と同時に、日本奉天総領事館へも公文《こうぶん》を以て通達した。

この時、張学良は、二八歳であった。この日から、張学良の長きにわたる試練と苦難の日々が始

まった。西安事件、軍事裁判、五〇年余りにわたる監禁、自由の回復。
そして、昨年（二〇〇一年）一〇月一五日、永眠した。

19 白衣三公《はくいのさんこう》——陶弘景《とうこうけい》・渋沢栄一《しぶさわえいいち》・王陽明《おうようめい》

中国流出世

白衣《はくい》は、しろぎぬ、素衣のことである。

これから無位無官、仕官せず位のない人を云う。

「白衣宰相《はくいのさいしょう》」という四字熟語もある。無位無官でありながら、宰相の待遇を受けるもののことを云う。

南北朝時代の本草家《ほんぞうか》、陶弘景《とうこうけい》も、「白衣宰相」と呼ばれた一人である。

陶弘景は、秣陵《まつりょう》（江蘇《こうそ》）を原籍とする。幼少より学問に励み、一〇歳で葛洪《かっこう》の『神仙伝《しんせんでん》』を読み、生涯に万余巻の書物を読破したという。書道・琴・棋に巧みで、南斉《なんせい》の高祖《こうそ》に迎えられ、諸王《しょおう》侍従《じじゅう》となった。永明《えいめい》一〇年（四九二）辞職を願い、華陽陶隠居《かようとういんきょ》と号して、句曲山《こうきょくざん》に隠棲《いんせい》し、学問一途の悠々自適の生活を送った。

陶弘景は、儒・仏・道の三教に通じた博学の人で、とくに本草医学《ほんぞういがく》に新しい研究を残した。著作に、魏晋《ぎしん》以来の薬学者の説をまとめた『名医別録《めいいべつろく》』、当時の薬品を解説・分類した『本草経《ほんぞうきょう》』、『本《ほん》草集注《そうしっちゅう》』などがあり、以後の中国・日本の本草学の草分けとなった。

　このような生涯を送った陶弘景が、「白衣宰相」とか「山中宰相《さんちゅうのさいしょう》」と呼ばれたのは、朝服を脱いで無位無官となり、句曲山に隠棲した後も、国家の重要事項の相談に与《あず》かったからであった。

　三公《さんこう》は、天子を助けて国を治める高官のことであるが、時代によって指称するところが異なっている。

　周《しゅう》では、太師《たいし》・太傅《たいふ》・太保《たいほ》（元《げん》・明《みん》・清《しん》も同じ）、前漢《ぜんかん》では丞相《じょうしょう》・太尉《たいい》・御史大夫《ぎょしたいふ》（のちに大司《だいし》徒《と》・大司馬《だいしば》・大司空《だいしくう》と改称）、後漢《ごかん》以後は、太尉《たいい》・司徒《しと》・司空《しくう》を指称した。日本では、太政大臣《だじょうだいじん》・左大臣・右大臣、のちには左大臣・右大臣・内大臣の総称として使われている。

　さて、白衣と三公とが合わさると、無位無官から身を起こして、三公という高位に出世する意となり、庶民から出世して高い位につくことを云うようになった。

　これは、『史記《しき》』陳渉世家《ちんしょうせいか》にある「王侯将相《おうこうしょうしょう》、寧《いず》くんぞ種《しゅ》あらんや」という文言と近い関係にある。

　王侯将相は、帝王・諸侯・将軍・宰相。それらになるのに、決まった家系や血統というものがあるわけではない。実力さえあれば、だれでもなれるという意味である。「白衣三公《はくいのさんこう》」が、いわば白衣から三公になった結果を云うのに対して、「王侯将相、寧くんぞ種あらんや」は、その可能性を云っているのである。

中国の歴史において、そのような可能性、そしてその結果を示す事例は、枚挙に遑《いとま》がないほど、夥《おびただ》しくある。皇帝で言うならば、町の無頼漢《ぶらいかん》であった漢王朝の創業者劉邦《りゅうほう》、盗賊上がりの後梁《こうりょう》の建国者朱全忠《しゅぜんちゅう》、流民《りゅうみん》のような存在から明朝を創設した朱元璋《しゅげんしょう》は、まさに「王侯将相、寧くんぞ種あらんや」を体現した事例である。

皇帝の位からして、このように獲得できるものであったのであるから、王侯将相、それに三公になりうるチャンスは、いくらでもあった。とくに時代の変動期においては、その機会は無限にあった。日本でも、明治維新のときは、数多《あまた》の「白衣三公《はくいのさんこう》」を生み出した。公侯伯子男《こうこうはくしだん》の五等爵《ごとうしゃく》のうち、子爵男爵を賜与されたもののなかには、徳川幕府の時代には、全く「無位無官」であった連中も数多いたであろう。

第一国立銀行・王子製紙・大阪紡織などを創立し、その他諸産業の経営にも参加して渋沢財閥を形成した渋沢栄一《しぶさわえいいち》は、埼玉深谷《ふかや》の農家の出身であるが、子爵《ししゃく》を貰った途端、邸内《ていない》の女中・書生・居《い》候《そうろう》に「御前《ごぜん》」と呼ばせたということである。気分は、ほとんど天皇・貴人と同等となり、すっかり舞い上がってしまったのである。

まさに、これこそ「王侯将相、寧くんぞ種あらんや」の具体的実現であった。

王直を擒獲した者は伯爵に

「王侯将相、寧くんぞ種あらんや」を実現する可能性は、無論平時よりも激動期の方がより高い。しかし、時代の変革期でなくとも、時折実現の可能性はあった。

例えば、中国明代、朝廷の方から、伯爵を与えると布告を出したことがある。

王直《おうちょく》という人がいた。倭寇王《わこうおう》と称せられた人物である。

この王直は、安徽省徽州《あんきしょうきしゅう》府歙県《しょうけん》の人で、はじめ塩商《えんしょう》を営んでいたが、それに失敗すると、海上貿易に進出し、日本・呂宋《ルソン》・安南《あんなん》・シャム・マラッカ等と交易し、やがて巨富を築いた。その後、日本の五島、平戸に拠り、徽王《きおう》と称して、海賊を指揮し、中国の沿海を略奪して、明朝を苦しめた。

そこで、嘉靖《かせい》三六年（一五五七）、総督胡宗憲《こそうけん》は、謀略によって帰順させ、殺してしまうが、それに至る過程で、明朝では、何とか王直の跳梁《ちょうりょう》を防ごうと躍起《やっき》になって、王直を擒斬《きんざん》したものに褒賞金を出すことにした。褒賞金が設けられたのは、王直が、胡宗憲の騙《だま》し討《う》ちにあう二年前の嘉靖三四年（一五五五）のことであった。懸賞金というものは、金品なら多い方がよいし、地位なら高い方がよいに決まっている。その方が、だれもが、金品や地位の獲得に一所懸命になり、褒賞の目的を達成することの出来る可能性が高いからである。

まず、王直の首に懸けられた褒賞金は、

①伯爵に封じること、

②銀一万両を与えること、

の二つの内容から構成されていた。

ここでいう封爵《ほうしゃく》とは、封号と爵号とを合体した用語である。封号は、洪武朝《こうぶちょう》における創業の功臣の場合、「開国輔運推誠《かいこくほうんすいせい》」等というように、「開国」を冠し、武官ならば、その下に「宣力武臣《せんりょくぶしん》」を加え、文臣ならば、「守正文臣《しゅせいぶんしん》」が加えられた。

これに対して、永楽朝《えいらくちょう》における靖難功臣《せいなんこうしん》の場合は、「奉天靖難推誠《ほうてんせいなんすいせい》」、「奉天翊運推誠《ほうてんよくうんすいせい》」、「奉天翊衛《ほうてんよくえい》」等、「奉天」という文字を冠した。靖難功臣に対する封爵の賜与以後、永楽中に賜与された封号も、また永楽以後に賜与された封号も、「奉天翊運《ほうてんよくうん》」などのように「奉天」の文字を冠するのが通例となった。

したがって、寧王朱宸濠《ねいおうしゅしんごう》の反乱を平らげたことで有名な王陽明《おうようめい》（守仁《しゅじん》）が正徳《せいとく》一六年（一五二一）に賜与された封爵も、「奉天翊衛推誠宣力守正文臣特進光禄大夫柱国新建伯《ほうてんよくえいすいせいせんりょくしゅせいぶんしんとくしんこうろくたいふちゅうこくしんけんはく》」というのであった。

一方、爵号には宗室爵《そうしつしゃく》と官員爵《かんいんしゃく》の二種があり、宗室爵には、親王《しんおう》・郡王《ぐんおう》・鎮国将軍《ちんこくしょうぐん》・輔国《ほこく》将軍・奉国《ほうこく》将軍・鎮国中尉《ちゅうい》・輔国中尉・奉国中尉の八等があり、官員爵には明初においては公侯伯子男の五等であったが、のち子男の二等はやめられ、公侯伯の三等になった。封爵は、『明史《みんし》』巻七二、職官志一に、凡《およ》そ爵は社稷《しゃしょく》の軍功に非ざれば封ずるを得ず、封号は特旨《とくし》に非ざれば与えるを得ず、或《あるい》は世々《せいせい》し、或は世々せず、皆誥券《こうけん》を給せらる。

とあるように、爵号は王朝の存立にかかわる軍功によって賜与され、封号は特旨を得なければ与《あず》かることができなかったのであり、しかも、封爵には世襲できる場合とできない場合とがあった。賜与された封爵の名号を記したものが誥命《こうめい》であるが、その誥命は鉄券に刻まれ、刻んだところは黄金で塡《うず》めた。かかる鉄券は左右二つに分けられ、左の部分は内府に所蔵され、右の部分は封爵を受けたものが所蔵した。このように皇帝の特別の計らいで賜与される封爵の数は、一定していたわけではなかった。ちなみに、爵号に関して明代歴朝における賜与数を示すと、

洪武朝《こうぶちょう》七五、建文朝《けんぶんちょう》二、永楽朝《えいらくちょう》五四、洪熙朝《こうきちょう》五、宣徳朝《せんとくちょう》五、正統朝《せいとうちょう》九、景泰朝《けいたいちょう》七、天《てん》順朝《じゅんちょう》一七、成化朝《せいかちょう》九、弘治朝《こうちちょう》なし、正徳朝《せいとくちょう》一二、嘉靖朝《かせいちょう》三、隆慶朝《りゅうけいちょう》なし、万暦朝《ばんれきちょう》一、泰昌朝《たいしょうちょう》なし、天啓朝《てんけいちょう》三、崇禎朝《すうていちょう》九（『国榷《こっかく》』巻首之二、勲封《くんほう》）

となり、通計二一一、一朝平均一二・四ということとなる。この平均値を越えるのは、洪武朝・永楽朝・天順朝のみである。

逆に言えば、この三朝で平均値を上げているのである。この三朝における封爵の数が他の王朝に比べて著しく多いのは、洪武朝においては開国創業を輔佐した功臣に、永楽朝では靖難功臣に、天順朝では英宗の重祚《ちょうそ》に力を尽くした功臣に集中的に、封爵を賜与したからであった。しかし、それ

が代々世襲されていった事例は、極めて少なく、例えば、洪武朝の封爵の場合、建国の功臣として封爵されたものたちでも、その後に起きた洪武九年（一三七六）の空印《くういん》の案《あん》、一三年（一三八〇）の胡惟庸《こいよう》の獄《ごく》、一八年（一三八五）の郭桓《かくかん》の案、二三年（一三九〇）の李善長《りぜんちょう》の獄、そして二六年（一三九三）の藍玉《らんぎょく》の獄に連座して、殆《ほとん》ど姿を消してしまうのであった。

これは、無位無官の白衣から身を起こし、ついに天下の統一を成し遂げ、中国の新たな支配者になった朱元璋《しゅげんしょう》が、三一年の長きにわたって玉座《ぎょくざ》にいる間に、かなりな摩擦と流血を伴いながらも、皇帝権強化のために様々な弾圧政策をとったからであった。それは、永楽朝の場合も同様であった。さきに示したように、永楽朝における封爵数は、五四件にのぼったが、永楽帝の政権基盤が強固になるにつれて、いろいろな機会を捉えて革爵《かくしゃく》していった。

そして、以後の各朝では、封爵される回数が少なくなったので、爵号の保有者自体が稀となり、封爵を受けることは、大変価値のあるものとなった。王陽明の事例を引き合いに出せば、そのことが十分に理解出来るであろう。

浙江《せっこう》の余姚《よよう》は、明清時代に王陽明・朱舜水《しゅしゅんすい》・黄宗羲《こうそうぎ》等の著名人を輩出したところである。その余姚のメインストリートは、現在新建路《しんけんろ》と名付けられている。これは「新しく建設された道路」という意味ではなく、王陽明の爵号「新建伯《しんけんはく》」に基づくものである。王陽明がこの爵号を受けたのは、世宗嘉靖帝《せいそうかせいてい》の即位当初の正徳《せいとく》一六年（一五二一）一一月のことであった。

その功は、前述のように、一に寧王朱宸濠《ねいおうしゅしんごう》討平によるものであった。朱宸濠は、太祖洪武帝《たいそこうぶてい》の第一七子の寧王朱権《しゅけん》の五世の孫で、江西《こうせい》の南昌《なんしょう》に封ぜられていた。正徳一四年（一五一九）、朱宸濠は、武宗《ぶそう》正徳帝の治世の乱れに乗じて南昌で挙兵すると、六万の兵を率いて南康《なんこう》、九江《きゅうこう》をつぎつぎに攻略して、南京《ナンキン》に向かった。しかし、都察院右副都御史《とさついんうふくとぎょし》であった王陽明の巧みな策に嵌《は》まって、わずか四二日にして鎮圧されてしまった。この反乱鎮圧の功績によって、武宗正徳帝の没後即位した世宗嘉靖帝は、王陽明を新建伯に封じたのであった。

しかしながら、この封爵は、極めて歪《いびつ》なものであった。公侯伯爵には、封爵の証しとして本来禄《ろく》米《まい》と鉄券がついていたが、王陽明にはいずれも与えられなかった。新建伯に対しても、禄米一千石と鉄券とがついていたのである。それは、封爵という名誉を手にした王陽明に対して、羨望《せんぼう》と嫉妬《しっと》を抱いた中央政府の重臣たちの策謀によるものであり、爵号が何の裏付けも無いように骨抜きにされたのであった。それだけでなく、王陽明が死去すると、その学問は弾圧され、弟子たちは罪を受けたのである。

この王陽明の件は、爵位というものが、非常に価値があるからこそ生じた羨望と嫉妬であったのであり、封爵というものの価値の高さを逆説的に物語っている好個の事例であると言えよう。王直の斬獲《ざんかく》に成功すれば、それが誰であろうと、かかる王陽明が受けたのと同じ伯爵を賜与するというのであった。

つぎに、賞銀一万両について見てみよう。

これは、どのくらいの換物能力を有するものであったのであろうか。米価に換算してみると、嘉靖年間の米価は、一石につき銀〇・五八四両であったから、王直の褒賞金としての銀一万両は、一万七一二三石の米を購入できる金額であったことになる。万暦《ばんれき》『大明会典《だいみんかいてん》』戸部《こぶ》二六、廩禄《りんろく》二、俸給《ほうきゅう》によると、衛所《えいしょ》の指揮使《しきし》の月糧《げつりょう》を一二石としているが、これを参考にすると、指揮使の一一九年分の月糧に相当する。指揮使とは、明代の軍事機関の中核をなす衛所を総轄する官職（官品《かんぴん》は正《せい》三品《さんぴん》）であり、その職掌から見ても、王直を斬獲する機会は大いにあるという立場にあった。かかる指揮使《しきし》の月糧《げつりょう》に比しても、一一九年分にも当たるという巨大な数量に上るのであるから、王直の首に懸《か》かったこの賞銀一万両の重みが知られよう。

以上によって、王直を斬獲することは、どのような境遇にある軍兵であっても、一挙に爵位と大金を獲得できる、まさに「白衣三公《はくいのさんこう》」に等しい地位を獲得することのできる「千載一遇《せんざいいちぐう》」の機会であった。

一般軍兵の上昇志向を刺激し、士気を鼓舞《こぶ》するには、十分すぎるほどの褒賞金であった。

なお、王直は、根拠とした五島列島にちなんで五峰《ごほう》と称した。種子島に鉄砲が伝えられたことを記録した南浦文之《なんぽぶんし》の「鉄砲記」という文章に、「大明《だいみん》の儒生《じゅせい》一人、名は五峰なる者」という文言があるので、従来王直＝五峰＝儒生の五峰という図式で捉えられている。もし徽州《きしゅう》出身の王直と

「鉄砲記」の王直とが同一人物とするならば、種子島に鉄砲を伝えた天文《てんぶん》一二年（一五四三）の一二年後の嘉靖《かせい》三四年（一五五五）には、その首に褒賞金が懸けられたことになる。しかも、その賞金は、その職掌からみて王直を捉えるチャンスが多かった指揮使（正三品《せいさんぴん》）の月糧の一一九年分にも達し、かつまた王陽明が封ぜられたのと同じ伯爵の授与も行われることになっていたのであった。

このような比類のない内容を持つ褒賞金が設けられたのは、明朝が、王直に悩まされて、まるでお手上げ状態であったことを率直に表明するものであった。だが、明朝の提示した褒賞金をものにしたものは一人もいなかった。結局、王直は、その二年後に、胡宗憲《こそうけん》の奸計《かんけい》にひっかけられて殺されてしまうが、それは、畢竟《ひっきょう》王直の跳梁に悩まされ続けた明朝の、まさに暴力的清算の体現であった。

20 麦曲之英《ばくきょくのえい》——蘇東坡《そとうば》・「酒は百毒の長」・宋太宗《そうのたいそう》

酒をめぐる四字熟語

「麦曲之英《ばくきょくのえい》」とは、酒のことである。

「麦曲之英を楽しむ」としゃれて使う。麦と曲とを組み合わせると、麹《きく》の字となる。麹はこうじ、醸して酒を作る。英はすぐれたもの、すぐれた部分の意味である。

酒を意味する四字熟語は、沢山ある。「清聖濁賢《せいせいだくけん》」・「天之美禄《てんのびろく》」・「百薬之長《ひゃくやくのちょう》」・「忘憂之物《ぼうゆうのもの》」・「洞《どう》庭春色《ていしゅんしょく》」・「米泉之精《べいせんのせい》」は、いずれも酒のことである。

また、「儀狄之酒《ぎてきのさけ》」という言葉もある。おいしい酒のことである。

儀狄とは、夏《か》の時代に、初めて酒を造ったとされる伝説上の人物であるが、その儀狄が作った世界最初のお酒を飲んだ夏王《かおう》の禹《う》が、そのうまさを讃《たた》えて、「後世、酒に溺《おぼ》れて国を滅ぼす者が出るであろう」(『戦国策《せんごくさく》』魏策《ぎさく》)と云ったということから、おいしい酒のことを意味するようになった。

酒軍《しゅぐん》という言葉がある。たくさんの酒飲み友達のことである。そのような酒飲み友達があつまると、酒令《しゅれい》という酒を飲むときの遊びをするのが普通であった。おや(令人《れいじん》、令官《れいかん》)がおり、その命令にしたがって酒を飲む。反した場合には罰を受けることになる。

ところが、ある村の習俗では、結婚式の夜に、秀才《しゅうさい》（科挙《かきょ》の試験をうける生員《せいいん》のこと）と令史《れいし》（文書をつかさどる官名）と医者と巫者《みこ》とが一緒に集まり、酒令をする習わしがあった。みんなそれぞれ得意なところをもって聯句《れんく》をつくる。

官吏は、

毎日排衙次第立《ひごとにがにならびてしだいにたち》　毎日役所で順番にならび

医者は、

薬有君臣寒燥湿《くすりにくんしんかんそうしつあり》　薬には君、臣、寒、燥、湿があり

秀才は、

夜深娘子好梳粧《やしんじょうしはそしょうをこのむ》　夜深くしておみなは化粧ずき

そして、巫者はよむ、

符到奉行急急急《ふいたらばほうこうきゅうきゅうきゅう》　おふだをもらったら、すぐすぐやりなさい。

これは、『笑苑千金《しょうえんせんきん》』巻四にみえる笑話である。

さて、酒聖《しゅせい》と酒鬼《しゅき》。ともに大酒飲み・のんべえのことである。晋《しん》の人、山簡《さんかん》は大酒のみで、高陽《こうよう》池《ち》のほとりに行っては、持っていった酒を飲み尽くして、ご機嫌で帰ったという故事によって、「山簡倒載《さんかんとうさい》」という四字熟語もある。ちなみに、倒載は、車に載せて持って行った酒食を傾け尽く

すことである。

蘇東坡と酒

酒三杯は身の薬

ということわざがある。酒も三杯程度の少量ならば、かえって体の薬になるということである。そうはいっても、宋代《そうだい》の蘇東坡《そとうば》のように、

酒有れば、酔うを辞《じ》さず、

酒なければ、斯《こ》れ泉を飲まん

（「問淵明」）

と、酒を飲み尽くすと水でも飲む、まさに飽くことがないというのは、ことわざに、

酒は諸悪の基《もと》

酒に痛む

というように、体には決してよくないことである。けれども、蘇東坡にとっては、

酒は詩を釣る、色を釣る

ということわざのように、飲酒は、詩作の動機ともなったのであろう。

前掲の『笑苑千金』には、蘇東坡について、

東坡書字意成詩《とうばじをかけばおもいしになる》。

とある（巻三）。蘇東坡は、詩を作ることにかけては、字を書けば、それがすぐ詩になるほど達者であったというのである。その見本として、瞬時にできた畳字《じょうじ》詩《し》（しりとりの詩）のことを述べている。

蘇東坡の門人の一人に秦観《しんかん》という人物がいた。かれは、のちに蘇東坡の妹、小妹《しょうまい》を娶《めと》ることになる。小妹は容貌はさして美しくなかったが、すぐれた詩文の才をもち、父親の蘇洵《そじゅん》をして、男になぜ生まれなかったか、と嘆《たん》ぜしめたという。秦観も、最初はその容貌をきらったが、やがてその才に感じ、仲睦まじく過ごした。しかし小妹は秦観に先んじて亡くなった。秦観は、小妹への思いがたちがたく、生涯再婚しなかったという。

蘇東坡像（『三才図会』より）

蘇東坡が妹と湖に舟を浮かべて遊んでいると、秦観から、つぎのような詩一首を書いた手紙が届いた。

期帰阻久伊思
静　　　憶
転漏聞時離別

これを見るとその意味をさとり、蘇東坡は、ちょうど目に触れたものがあったので、それを題材にたちどころに秦観の詩の体裁を真似て、つぎの「採蓮畳字詩《さいれんじょうじし》」（はすの実をとるしりとりの歌）一首の詩を作った。

　　闋新歌声漱玉
　一　　　　採
　　津楊緑在人蓮

さらに、この体裁でもう一首、畳字詩を作った。

　　暮已時醒微力
　酒　　　　賞
　　飛如馬去帰花

以上の三首の詩は、つぎのように解読すると、『笑苑千金』にある（訳詩は、荘司《しょうじ》格一《かくいっ》・清水栄《しみずえい》吉《きち》・志村良治《しむらりょうじ》訳『中国の笑話　笑海叢珠・笑苑千金』筑摩書房、一九六六年に依拠した）。

秦観の詩。

静思伊久阻帰期　　静かに思うこと久しくして帰りなむ時をはばみ
久阻帰期憶別離　　久しくして帰りなむ時をはばみて　別れをおもう
憶別離時聞漏転　　別れの時をおもいて、時の立ちゆくを知り
時聞漏転静思伊　　時のたちゆけば　しずかにかの人を思う

蘇東坡の「採蓮畳字詩」。

採蓮人在緑楊津　　蓮とる人は緑のやなぎの渡し場にあり
在緑楊津一闋新　　みどりの渡し場には新しき歌声ひびき
一闋新歌声漱玉　　新しき歌声は玉の如くなよやか
歌声漱玉採蓮人　　歌声なよやかなり　蓮とる人の

もう一首の蘇東坡畳字詩。

賞花帰去馬如飛　　花をめで帰りくれば　馬は飛ぶ如く
去馬如飛酒力微　　ゆく馬は飛ぶ如く　酒の酔いはかすかなり
酒力微醒時已暮　　酒の酔いかすかにして　さむるとき日すでにくれぬ
醒時已暮賞花帰　　さむるとき日くれて　花をめでて帰る

さて、大酒飲みでも、さらに超がつくような大酒飲みのことは、海量《かいりょう》と云った。海水をも飲み干してしまうという、いうなれば、「白髪三千丈《はくはつさんぜんじょう》」式の大袈裟《おおげさ》な表現である。

大酒飲みの皇帝

中国の皇帝で、「海量皇帝」といわれた人がいる。

宋《そう》第一代の皇帝、太祖《たいそ》趙匡胤《ちょうきょういん》である。

五代後周《ごだいこうしゅう》の世宗《せいそう》側近の武将であったが、世宗没後、部下たちに推《お》されて即位した。実質的な世宗の後継者である。呉越《ごえつ》・北漢《ほくかん》を除く天下を平定し、武人の兵権回収、殿試《でんし》の創設、中書省《ちゅうしょしょう》・三《さん》司《し》・枢密院《すうみついん》を天子に直属させるなど、文臣官僚制・君主独裁・中央集権の基本方針を推進し、宋朝の政治支配を基礎づけた。

ただ、太祖は、無類の大酒飲みで、国の大事すら、酒宴の席で決定するほどであった。

それに対して、弟の趙匡義《ちょうきょうぎ》は、ほとんど酒を口にしなかった。酒を飲まない弟が、兄の酒豪を決死の覚悟で諫《いさ》めたという、エピソードがある。

太祖の寵姫《ちょうき》に金城夫人《きんじょうふじん》というものがいた。あるとき、後苑《こうえん》での酒宴の席で、太祖は大盃に酒をなみなみと注《そそ》いで趙匡義に勧めたが、趙匡義は、これを固辞した。それでもしつこく太祖が勧めるので、殿庭《でんてい》をふりむき、「金城夫人が自分であの花を折ってきたら飲みましょう」と答えた。そこで、太祖は夫人に命じてその花を折らせた。すると、すぐさま趙匡義は、庭に下りた夫人に弓を引いて射殺した。そして、太祖の足元にひれ伏して、天子になった以上、国家のために酒を自重するようにと、泣いて諫《いさ》めたのであった。

これは、宋《そう》の王鞏《おうきょう》の『近聞見録《きんぶんけんろく》』に載っている話であるが、それでも、太祖は酒をやめなかったという。

その太祖が、突然亡くなった。在位一七年、五〇歳であった。

宋太宗(趙匡義)像・宋太祖(趙匡胤)像(『三才図会』より)

その死が突然のことであったこと、太祖には二六歳の徳昭《とくしょう》という息子がいるにもかかわらず、それを退《しりぞ》けて太祖の弟趙匡義に伝位《でんい》されたことで、後世になると多くの憶測が乱れ飛んだ。とくに有力な説は、趙匡義自ら兄を殺して帝位に即《つ》いたというものである。

それはともかくとしても、太祖の死をめぐる問題は、千古の疑案《ぎあん》、永遠の謎とされている。しかし、「海量皇帝」と称せられるような大酒豪であるならば、いつ何時、脳梗塞や脳溢血・脳卒中にならないとも限らないであろう。太祖急死の一因として、酒の存在は大きかったと言うべきであろう。ことわざに、

酒は百毒の長

といい、酒は万病のもとなのである。

超マジメ皇帝

第二代目の皇帝になった太宗、すなわち趙匡義は、酒

をつつしんだだけでなく、そのほかの遊楽に打ち興ずることもなく、ひたすら政務に励んだ。政務が終わると、読書をし、就寝はいつも深夜になるが、それでも五更《ごこう》（午前四時）には必ず起床した。日の長い真夏でも、午睡《ひるね》はとらなかった。孜々《しし》として政務に励み、日々を規則正しく送ったのである。

晩年になると、さらに政務に励んだ。毎朝、長春殿《ちょうしゅんでん》で大臣たちの報告を受ける。それが終わると、ただちに崇政殿《すうせいでん》に出て政務の決済を行い、昼になっても、食事をとらないという状態であった。

昼食の時間がきても食べずに働くことを、「日昃之労《にっしょくのろう》」と云う。昃は傾くこと。日昃と熟すると、日が西に傾くの意となり、昼過ぎ、今の午後二時ごろを指す。

さらに、天子が、政務に忙しく、ようやく仕事を終わって読書することを、「乙夜之覧《いつやのらん》」と云った。乙夜は、午後一〇時ごろである。夜間の時間帯を五つに区分するのを五更《ごこう》というが、その二更《にこう》が乙夜である。ちなみに、五更とは、甲夜《こうや》（初更《しょこう》・今の午後八時）、乙夜（二更《にこう》・午後一〇時）、丙夜《へいや》（三更《さんこう》・午前零時）、丁夜《ていや》（四更《しこう》・午前二時）、戊夜《ぼや》（五更《ごこう》・午前四時）の五区分である。

酒も飲まず、タバコも吸わず（勿論、この時代にはまだ中国にはなかった）、遊楽に打ち興ずることもない太宗の唯一の楽しみは、読書であった。その読書量もたいしたものであった。『太平御覧《たいへいぎょらん》』という大部な書物がある。

太平興国《たいへいこうこく》八年（九八三）に完成した。それは、太宗が即位して、足掛け九年目になろうとしていたときでもあった。全一〇〇〇巻からなるこの『太平御覧』を、毎日史館《しかん》から三冊ずつ取り寄せ、一年でこの大部の書を読了する計画をたてた。宰相らは、お体にさわるので、ほどほどにと忠告したが、予定通り、ついに一年で全部読みおおせたのであった。

無論、このように寸陰《すんいん》を惜しんで、政務に精勤し、余暇には読書に励むというような天子は、宋代のみならず、秦《しん》の始皇帝《しこうてい》に始まって清《しん》の宣統帝《せんとうてい》にいたるまでの中国歴代皇帝の歴史においても、極めて少数派に属した。各王朝の創業者はともかくとしても、天子の子に生まれたから、天子になれたというような皇帝の大多数は、暗愚《あんぐ》であった。「貴種《きしゅ》」というが、出自がよくても、人間としても立派であるとは限らない。むしろ、一致しないのが、世の常である。

だから、太宗自身は、政務に精励するという点では、歴代のどの帝王にも引けをとらないという強い自負があった。そのため、過去の諸帝王に対する批判は、峻烈なものがあった。いわゆる「貞観之治《じょうがんのち》」を実現し、後代まで名君の誉れが高く、天子の模範とされる唐《とう》の太宗李世民《たいそうりせいみん》に対しても、批判的であった。唐の太宗は、何事を行うにも、あらかじめおおいに宣伝してから着手し、その治績が史書に書き留められ、後世に伝えられることにつとめた、虚名を好む皇帝であった、と言っている。

質朴恪勤《しっぼくかくきん》を身上とする宋《そう》の太宗からみれば、唐の太宗の行動様式は、眉を顰《ひそ》めるものと映じたのであった。

21

巫山雲雨《ふざんうんう》――『文選《もんぜん》』・「昭和維新《しょうわいしん》の歌《うた》」・柳沢吉保《やなぎさわよしやす》

巫山《ふざん》とは、中国の四川省《しせんしょう》巫山県の東にある名峯である。望霞《ぼうか》、翠屛《すいへい》、朝雲《ちょううん》、松巒《しょうらん》、集仙《しゅうせん》、聚鶴《しゅうかく》、浄壇《じょうだん》、上昇《じょうしょう》、起雲《きうん》、飛鳳《ひほう》、登龍《とうりゅう》、聖泉《せいせん》の一二峯からなる。今日一二峯といえば、この巫山の一二峯をさすか、江西省寧都県《こうせいしょうねいとけん》の金精山《きんせいざん》のそれをさすかのいずれかであるほど著名であるが、これにまけずおとらず、巫山は男女の情交の代名詞としても有名だ。

むかし、中国戦国時代、楚国《そこく》の懐王《かいおう》が、高唐《こうとう》(楚の雲夢沢《うんぼうたく》にあった高殿の名)に遊び、遊び疲れて昼寝をしていたとき、夢の中で四川の巫山の女と会って、男女の契《ちぎ》りを交わしたが、神女が去るとき、朝には雲となり、夕暮れには雨となって、朝な夕なここに参りましょうと言った。王が朝見ると、果してその通りであったので、ここに神女廟《しんじょびょう》をたてて、これを「朝雲廟」と名づけ、祭ったという。

これは、『文選《もんぜん》』の宋玉《そうぎょく》の「高唐賦《こうとうのふ》」にみえる話であるが、「巫山之雨《ふざんのあめ》」、「巫山之雲《ふざんのくも》」、「雲雨之夢《うんうのゆめ》」、「朝雲暮雨《ちょううんぼう》」、「行雨朝雲《こううちょううん》」、「巫山之夢《ふざんのゆめ》」などといった類語も、そのいずれもが、この楚の懐王と神女とが夢の中で情を交わした話に由来する。この話を題材にして、後世では少からず詩や文章がつくられた。

因《ちな》みにその若干の例をあげれば、唐《とう》の劉希夷《りゅうきい》は、「年年歳歳花相似《ねんねんさいさいはなあいに》たり、歳歳年年人同《さいさいねんねんひとおな》じからず」の句で有名な「白頭《はくとう》を悲しむ翁《おきな》に代わる」という詩をつくった人として知られるが（ついでに言えば、この詩をおじの宋之問《そうしもん》が自分の句に欲しいと所望したのに対して、与えなかったので恨みを買い、圧殺されたという噂がある）、かれの「公子行《こうしこう》」に、

国を傾《かたむ》け城を傾く漢《かん》の武帝《ぶてい》
雲となり雨となる楚《そ》の懐王《かいおう》

という句があり、詩聖杜甫《とほ》と並び詩仙と称せられた李白《りはく》の作品「古風《こふう》」にも、

われ巫山《ふざん》の渚《なぎさ》を行《ゆ》かん
古きをたずね陽台《ようだい》に登る
天空 彩《いろど》り雲滅す
地遠く清風来《きた》る
神女《しんじょ》去ることすでに久し
襄王《ママ》いずくにかあらんや
荒淫《こういん》 意《おもい》に淪没《りんぼつ》せん

という詩があるなど、多くの用例がある。

わが国での使用例も、多々有るものと思われるが、そちらの方面には全く素人なので知らないが、ただ、近いところでは、戦前軍人や国士たちのあたかも応援歌の様相を呈した「昭和維新《しょうわいしん》の歌《うた》」(三上卓《みかみたく》作詞・作曲)の一番目の歌詞の中に使われている。

汨羅《べきら》の淵《ふち》に波騒ぎ
巫山《ふざん》の雲は乱れ飛ぶ
混濁《こんだく》の世に我れ立てば
義憤《ぎふん》に燃えて血潮《ちしお》湧《わ》く

と歌っている。巫山の雲が乱れ飛んだら、それは、まさしく乱交そのものではないか。

ところで、「ふざける」という言葉には、『広辞苑』をはじめ、たいがいの国語辞典が、「巫山戯る」という漢字を当てている。この「巫山戯る」と名峯巫山とが、関係があるのかないのか。楚の懐王の故事が、「巫山雲雨《ふざんうんう》」をはじめとしていろいろな表現で四字熟語で表されたことは、さきにふれたが、恐らくこの故事と「ふざける」という和語が結び付いたものと思われる。男女の情交↓ひそかなたわむれ↓イチャイチャする↓ふざけあう、という風に転化させていけば、巫山と「巫山戯る」を結びつけることは不可能ではない。

江戸時代には、沢山の中国通俗文学が翻訳され、中国語の学習が、今日の英語のように盛んに行われたという時代の風潮があったと云われている。犬公方《いぬくぼう》と呼ばれ、アホ将軍の代表みたいな五代将軍綱吉《つなよし》も、若いころは学問に熱心で、たびたび老中《ろうじゅう》の柳沢吉保《やなぎさわよしやす》の家に行っては、儒臣らに中国語で問答させた。当家における儒臣の問答が、吉保は通訳なしで理解できたというし、通訳係の荻生徂徠《おぎゅうそらい》は、中国に心酔して物《ぶつ》徂徠（物部氏の子孫だから）と称したことは有名である。「巫山戯る」という言葉は、多分名峯巫山の故事とふざけるとを語呂合《ごろあわ》せ的に結びつけた、右に見たような江戸人の漢語趣味の所産でなかろうか。もし誰かに「ふざけるな」と言われたら、「♂♀♂♀なんぞしていないぞ」とケツをまくって、原義をもって言い返そう。恐らく言われた相手は、意味が分からず、キョトンとするであろう。

22 薏苡明珠《よくいめいしゅ》 ―― ハトムギ・馬援《ばえん》・漢方

この四字熟語から、意味を想定することは、かなり困難であろう。

薏苡《よくい》は、ジュズダマの変種（栽培種）、ハトムギのこと、明珠《めいしゅ》は勿論宝玉のことである。この二つの文字が連なって、意外な讒言《ざんげん》、無実の疑いをかけられる譬えとして使われる。したがって、「薏苡之讒《よくいのざん》」、「薏苡之謗《よくいのそしり》」という言い方もある。

薏苡の学名には、ma-yuen というスペルが入っているそうである。実はこれが、「薏苡明珠」の故事を解く鍵なのである。ma-yuen とは、後漢《ごかん》の政治家であった馬援《ばえん》のことである。馬援の事績は、『後漢書《ごかんじょ》』馬援伝に詳しいが、光武帝《こうぶてい》に仕え、五銖銭《ごしゅせん》の鋳造を実現して民の便を図るなど、民政に功績があった。その一方、軍事方面でも顕著な功績があり、交阯《こうし》（今のベトナム）で反乱が起こると、伏波将軍《ふくはしょうぐん》として出陣した。交阯から帰るとき、馬援は薬用に使うため、移植しようとして、車一台分の薏苡の実を洛陽《らくよう》に持ち帰った。

ところが、薏苡の実を知らない人々の中には、それを南方の宝玉であると思い、皇帝に馬援が車一台分の宝玉を持っていると讒言するものがおり、馬援は皇帝からあらぬ嫌疑《けんぎ》をかけられたとい

馬援像（『三才図会』より）

う。この故事から、「薏苡明珠」、「薏苡之讒」、「薏苡之謗」という四字熟語が生まれた。

　ハトムギは、イネ科のジュズダマ属の植物である。その種子は、現在薏苡仁《よくいにん》の名で、インド・中国・朝鮮半島・日本では薬として利用されている。果実の皮付きのものが、「ハトムギ」として用いられ、殻の薄い皮を除去し、精白《せいはく》したものが「薏苡仁《よくいにん》」となるそうである。

　その起源は、東南アジアの内陸部にあり、東南アジアではトウモロコシが導入される以前には、栄養価の高い重要な作物であった。日本には江戸時代の享保《きょうほう》年間に中国から渡来したようである。中国では、古来からお粥、スープ、お茶、清涼飲料に加えられ、健康増進、健胃、リュウマチなどへの応用が伝承されているという。

　現在、一般には、春播きして、九月下旬果実の成熟するころに刈り取り、二〜三日乾燥させる。重く肥大で内部が白く、歯感に粘着するものが良いとされている。

　日本における産地は、広島、岡山、島根、富山、青森、秋田、福島などの各県で、年間一〇〇〜一五〇トンを生産しているが、非常に需要が多く、年間約一万トンを中国、ベトナム、タイ、北朝鮮から輸入し、中国産では、遼寧省《りょうねいしょう》産のものが「関薏苡《かんよくい》」と言われて、とりわけ評価が高いという。

現在ハトムギ茶として飲用することは、新陳代謝《しんちんたいしゃ》を良くし、栄養がとれ、婦人などは色白になって綺麗になることを期待してのことであり、薬用としては、漢方で、解熱《げねつ》、鎮痛《ちんつう》、消炎薬《しょうえんやく》とみなされる処方に多く配剤されている。

23 龍顔天表《りゅうがんてんぴょう》——中国の「南北戦争」・劉邦《りゅうほう》と李世民《りせいみん》・占卜者《せんぼくしゃ》たち

燕王と占者たち

中国の明王朝《みんおうちょう》を創設した太祖朱元璋《たいそしゅげんしょう》は、洪武《こうぶ》三一年（一三九八）閏五月、七一年の波乱に満ちた生涯を閉じた。

それから、靖難《せいなん》の役《えき》が終息した建文《けんぶん》四年（一四〇二）六月までの四年間は、第二代皇帝の建文帝《けんぶんてい》の時代であった。この建文朝の歴史を大きく規定するのは、靖難の役である。

靖難の役と呼ばれるものは、建文元年（一三九九）七月四日の燕王《えんおう》の挙兵から、同四年（一四〇二）六月一三日の南京城陥落《ナンキンじょうかんらく》に至るまでの三年間に及ぶ、燕王の率いる燕王軍（北平軍）と建文政権下の建文軍（南京軍）との、いわば明代中国の「南北戦争」であった。

ここには、戦争を構成している究極の要素、すなわち二人の間で行われる決闘という要素があった。クラウゼヴィッツの『戦争論』を引き合いに出すまでもなく、戦争が決闘の拡大されたものであるとすれば、大方が、靖難の変と呼んでいるものの本質は、戦争であったのであり、決して突発的な変事であったのではない。

挙兵以前の燕王は、かねてから父の洪武帝にその軍事的才能を称賛されていたとはいえ、諸王の一人に過ぎなかった。その燕王が、建文政権の燕王に対する弾圧政策の下で、どのように対処し、どのようにして人心を収攬《しゅうらん》して挙兵へ結び付けていったか、という問題を考える場合、占卜《せんぼく》の存在を無視することはできない。

燕王の抱えていた占者には、金忠《きんちゅう》・袁珪《えんけい》・袁珙《えんきょう》・袁忠徹《えんちゅうてつ》がいる。かれらは、いずれも浙江寧波《せっこうねいは》府鄞県《ふぎんけん》の出身であるが、それとともに、彼らの間には親族としての関係、知友としての関係が介在しており、まさに鄞県人グループを形成していたのである。袁珪と袁珙とは兄弟であり、袁珙と袁忠徹とは親子であった。そして、金忠は通州《つうしゅう》で死亡した兄に替って卒伍に補されたとき、あまりに貧乏でその旅費さえなかったが、それを工面してくれたのが、袁珙であった。

これら親戚・友人という結合関係によって結ばれた鄞県人グループが、燕王の占者として活躍したのであり、彼らの占いの結果は、単に燕王自身が胸奥《きょうおう》に秘めるのではなく、それが燕王の麾下《きか》に広まってこそ、初めて絶大な波及的効果を生み得るものであった。燕王がこうした鄞県人グループの占者を抱え、活用する意味も、まさにそこにあったのである。

挙兵へのプロパガンダ

それでは、燕王が挙兵する直前の、まさに「臥薪嘗胆《がしんしょうたん》」の心持ちで、建文政権《けんぶんせいけん》の圧力に耐えていたとき、かれら占者たちは、どのように占ったのであろうか。

金忠は、もともと少年期から易卜《えきぼく》を善《よ》くしていたが、のちには北平《ほくへい》（のちの北京《ペキン》）で日銭稼《ひぜにかせ》ぎの手段として占いをするようになった。それが大変よく当たるので評判となり、北平市中では金忠のことを神業《かみわざ》と崇《あが》めるまでになった。

燕王の参謀として著名な僧道衍《どうえん》が、この評判を聞き付け、燕王に推薦するのである。僧道衍は、燕王の病気に事寄せて、金忠に燕王の人相を占わせた。そのとき、金忠は、
　此の象《しょう》、貴にして言うべからず。

と占ったことが、『明史《みんし》』巻一五〇、金忠伝に載せられている。

金忠の友人の袁珙《えんきょう》も、すでに早く燕王の人相をみて、
　龍顔天表《りゅうがんてんぴょう》、鳳資日章《ほうしにっしょう》、重瞳隆準《ちょうどうりゅうじゅん》、真の太平の天子なり。

と占ったことが、『奉天靖難記《ほうてんせいなんき》』に出ている。これは、燕王のはなはだ満足するものであったにちがいない。二人の占者ともに、燕王が、天子になれると言い切ったのと同じだからである。

袁珙はまた、燕王が四〇歳にして鬚《ひげ》が臍《へそ》を過ぎるまで伸びたとき、登極《とうぎょく》するとも言った。

この袁珙の占いと、金忠の占いが一致したことで、この占いは、たちまち広まっていったに相違ない。今や市中で神業《かみわざ》とまで崇《あが》め奉《たてまつ》られて評判の高い金忠の占いだけに、その信頼性は抜群のものがあったと思われるからである。また、それが広まることによって初めて、燕王のもとに挙兵へ向

けての人心を結集するためのプロパガンダとなったのである。

「此の象、貴にして言うべからず」という文言は、漢王朝《かんおうちょう》を創設した劉邦《りゅうほう》に対して使われたものである。

劉邦が、まだ亭長《ていちょう》（宿場のおさ。一〇里で一亭、一〇亭で一郷とされた）であったとき、妻の呂氏《りょし》と二人の子供が農作業をしていると、一人の老父が通りかかり、飲み物を請うたので、呂氏が提供すると、老父は、呂氏の人相を見て、天下の貴人だと言い、息子の孝恵《こうけい》を見て、「夫人の貴なる所以は、この男なり」といい、また魯元《ろげん》をも貴だと言った。たまたまやって来た劉邦に、呂氏がそのことを言うと、劉邦はこの老父を追いかけて行き、老父は、劉邦の人相を見ると、「貴にして言うべからず」と言った。そこで、劉邦は、そのようになったら、徳を忘れない、と謝した。劉邦が貴になったあと、その老父の行方を探したが、見つからなかった。

劉邦（漢高祖）像（『三才図会』より）

『史記《しき》』高祖本紀《こうそほんぎ》の当該部分の大意は、以上の通りである。
ここに、「及高祖貴」（高祖の貴になるに及んで）という表現があるが、それから見ると、「貴」ですなわち皇帝を意味するようである。

したがって、燕王が、「此の象、貴にして言うべからず」と云われたことは、その占いが神業とまで評判の高かった金忠によって、皇帝になれると太鼓判《たいこばん》を押されたのと同然であった。

これに対して、袁珙の占った「龍顔天表《りゅうがんてんぴょう》、鳳資日章《ほうしにっしょう》、重瞳隆準《ちょうどうりゅうじゅん》」という文言であるが、『新《しん》唐書《とうじょ》』太宗本紀《たいそうほんぎ》に似た表現がある。太宗李世民《りせいみん》が四歳のときのこととして、つぎのようにある。

書生有り、高祖《こうそ》に謁《えっ》して曰く、「公、相法《そうほう》に在りては、貴人なり。然《しか》らば必ず貴子有らん」と。太宗に見《まみ》えるに及んで、曰く、「龍鳳之姿《りゅうほうのし》、天日之表《てんじつのひょう》、其《そ》の年冠ならんとするに幾《ちか》ければ、必ず能《よ》く世を済《すく》い民を安《やすん》ぜん」と。書生すでに辞去す。高祖、其の語の泄《も》るるを懼《おそ》れ、人をして追ってこれを殺さしむ。而《しか》るに其の往《ゆ》く所を知らず。因《よ》りて以て神となし、すなわち、其の語を採《と》りて、これに名づくるに世民《せいみん》と曰《い》う。

燕王について、袁珙の占った「龍顔天表《りゅうがんてんぴょう》」という文言のうち、「天表」は、唐の太宗に対する「龍鳳之姿、天日之表」という文言の一部を援用したものとみて、誤りないであろう。「天表」は、「天日之表」を縮めた用語である。「天日」は太陽、または天子のことであり、「表」はおもて・顔のことであり、熟すると天子となるべき人相のことである。

それでは、「龍顔」は何に依拠したのであろうか。おそらく、漢の高祖劉邦の事例であろう。『史記』高祖本紀に、高祖の人となりは、隆準《りゅうじゅん》にして龍顔、須髯《しゅぜん》美《うる》わし。

とあり、そこにはすでに「龍顔」という言葉が使われている。これは天子の相貌・容貌を指す。

このように、燕王の容貌に関して、漢の高祖や唐の太宗のそれを表すときに使われた用語をちりばめて、天子になれることを強調したのは、建文政権の弾圧下、燕王府の名状《めいじょう》すべくもない動揺の中で、燕王に天子の象があるということを喧伝《けんでん》することで、人心の収攬《しゅうらん》と士気を挙兵に向けて巧みに昇華《しょうか》させようとしたためであった。

その結果、燕王麾下《きか》の朱能《しゅのう》・張玉《ちょうぎょく》などつわものどもの士気を高めるうえでも、大変な効果的作用を齎《もたら》した。

唐太宗（李世民）像（『三才図会』より）

かかる戦略的価値を有した燕王お抱《かか》えの占者たちは、靖《せい》難《なん》の役《えき》に燕王が勝利し、永楽政権《えいらくせいけん》が発足すると、その功績により、それぞれ官職が与えられた。金忠《きんちゅう》は兵部尚書《へいぶしょうしょ》に、袁珪《えんけい》は礼科給事中《れいかきゅうじちゅう》に、袁珙《えんきょう》は太常寺丞《たいじょうじじょう》に、袁忠徹《えんちゅうてつ》は尚《しょう》宝司少卿《ほうししょうけい》にまで昇進し、重要課題の政策決定過程に関わった。

本来、皇帝―内閣・六部《りくぶ》・都察院《とさついん》などによって構成された朝廷が、政策決定の中心的な舞台（アリーナ）であり、永楽政権においては、そのようなシステムが、機能したことは勿論のことである。ただ永楽帝の政策決定には、占卜者たちが関与していることも、また事実であった。

燕王府出身の占者を、しばしば政策決定過程に参与せしめるという政治スタイルが存在したのは、永楽帝が、建文帝の遺産たる官僚群に取り囲まれて政権を人的に構成せざるをえなかったという政治的環境要因と、永楽帝自身の占卜への関心の高さ、及びそれによる軍事行動等の政策決定の際に占書・占法・占候を重要な拠《よ》りどころとした個人的要因とが相俟《あいま》って、藩邸《はんてい》の占者から永楽官僚に陞転《しょうてん》したものたちを個人的スタッフとして活用したためであった。

周知のように、永楽政治における特徴の一つに、宦官《かんがん》の抬頭《たいとう》がある。その理由を靖難の役期において燕王（永楽帝）が宦官の内通を受け、勝利したことに求めるのが通説であるが、永楽帝の政治的環境等に由来する政治スタイルにも、宦官抬頭の一因があるのではなかろうか。

24 麟鳳亀龍《りんぽうきりゅう》——玄武門《げんぶもん》・重陽節《ちょうようせつ》・崇禎帝《すうていてい》の自死

麟鳳亀龍《りんぽうきりゅう》とは、無論、麒麟《きりん》・鳳凰《ほうおう》・亀・龍のことを指す。

これらの鳥獣を四足並べただけで、どうして四字熟語になるかというと、亀を除いた麒麟（首の長い動物園のキリンではない）・鳳凰・龍は、想像上の動物で、この四種の霊獣は、太平の世になると現れると信じられていた。そこから、転じて、非常にまれで珍しいもの、聖人・賢者の譬《たと》えとなった。

これは、『礼記《らいき》』礼運《れいうん》を出典とする。

これら麒麟・鳳凰・亀・龍のうち、亀・龍の二つは、別な方面でも活躍している。

中国では古来から、地上の動物と天上の星座を結び付けて、二八星宿の各星座にそれぞれ動物を一つづつ配した。ちなみに、地上の動物は、東方の蒼龍《そうりゅう》、南方の朱鳥《しゅちょう》、西方の白虎《びゃっこ》、北方の玄武《げんぶ》である。これに対応して、道教では青龍《せいりゅう》（東）、朱雀《すざく》（南）、白虎（西）、玄武（北）を四方の四神とした。玄武とは、亀と蛇が合体したさまであるが、亀の甲は黒いので玄といい、それはまた敵の攻撃を防ぐことが出来るので武といった。この四方神は、宮城や内城の門名としてよく使用された。唐《とう》の長安城《ちょうあんじょう》でも、北門として玄武門、南門として朱雀門という名称が使用された。明《みん》の太祖《たいそ》洪武帝《こうぶてい》が建設した中都《ちゅうと》でも北門を玄武門と名付けている。このように、北門に位置するから玄武門であった。

ところが、清代《しんだい》の紫禁城《しきんじょう》（現在の故宮《こきゅう》）では、神武門《しんぶもん》といい、玄武門とは呼称されていない。

紫禁城は、南の正門である午門《ごもん》と北の正門である神武門とを結ぶ線が主軸となり、この線上に正殿である太和殿《たいわでん》をはじめとする主要な建物が、左右均斉の法則にしたがって、南北に甍《いらか》を連ねていた。この主軸線は、紫禁城のそれであるばかりでなく、北京城の主軸でもあって、さらに南北に伸び、皇城正門の天安門《てんあんもん》、内城の正陽門《せいようもん》、外城の永定門《えいていもん》を直線に結んでいた。その距離は、ほぼ六キロメートルであった。午門とともに主軸をなすこの神武門は、実は清代になって改称されたもので、明代《みん》においては、本来の宮城の北門の名称としての玄武門であった。

それが、清代になって、聖祖康熙帝《せいそこうきてい》の名が玄燁《げんよう》であったので、それを避けて神武門としたのであった。これは避諱《ひき》というが、中国史上、避諱による地名・人名等の改名は夥《おびただ》しくあった。清人の著作では、この原則にしたがって、本来玄であった文字は、元をもって代字にした。そのため、清人が、明代の玄武門に言及したときには、元武門としているのである。

だがしかし、「玄武」であるからこそ北門を意味したのであって、神武門や元武門というのでは、本来的には意味をなさないのである。

神武門（『旧都文物略』より）

紫禁城の北門である、この神武門をくぐり抜けると、景山《けいざん》という高さ四三メートルの山がある。現在は景山公園となっているが、もとは万歳山《ばんざいさん》と呼ばれ、また煤山《ばいざん》とも俗称された。万歳とは皇帝自身を指すが、煤山の煤とは石炭のことである。この山は元《げん》の旧城及び明の紫禁城建設の際に護《ご》城河《じょうが》を作るために掘削《くっさく》された土を堆積《たいせき》したもので、山中には籠城《ろうじょう》に備えての石炭が沢山貯蔵されているというので、この俗称が生じたのであった。

毎年九月九日には、皇帝は北門を通り、車駕《しゃが》に乗ったままここに登ったのであった。

中国では、十は全数であり、満ちれば欠けるほかはないので、一を残す九を尊び、この二つの重なる九月九日を重陽節《ちょうようせつ》といって祝い、人々は家人、友人を携え、酒食を手に郊外の山に登り、菊

景山（右上）

を鑑賞して一日を過ごした。これを登高《とうこう》といったが、この風習は古くからあり、梁《りょう》の呉均《ごきん》撰の『続斉諧記《ぞくせいかいき》』には、災厄《さいやく》を免れるために高いところに登ったと記されている。皇帝もまた、この日は官人や民間人と同じように登高したのであった。

しかし、そのような特別な日以外、皇帝が北門を利用することは少なかったものと思われる。

皇帝の日常は、何事も南面して行われるのが普通であったからである。朝政は殿や門に出御《しゅつぎょ》して南面して行われ、毎年一〇月一日における新しい暦の頒布《はんぷ》、詔勅《しょうちょく》の宣告、遠征への出陣式、凱旋式《がいせんしき》、献俘式《けんぷしき》等の儀式も南門たる午門で行われた。それに加えて、北には敗北の語のように逃げるという意味があるから、皇帝が頻繁に北門を利用するのは、あまり縁起の良いことではなかった。

だからといって、門周辺は年がら年中閑散としていたというわけでもなかった。門の外側では、毎月四の日には市（内市という）が開かれ賑《にぎ》わった。門の内側には左右に廊下家《ろうかか》と名付けられたひょろ長い建物があったが、そこは宦官《かんがん》たちが琥珀色《こはくいろ》の酒をせっせと密造する場所と化し、その酒を売って儲けたという話が、瞿宜穎《くぎえい》の『北京建置談薈《ペキンけんちだんわい》』にあるけれども、それは、すぐ近くで四の市が開かれ、密造酒を売りさばくことが可能であったからであろう。

この北門が絡《から》んだ最大の事件と言えば、明代最後の皇帝である毅宗崇禎帝《きそうすうていてい》が、崇禎一七年（一六四四）三月一九日午前、ここを通って景山に登って縊死《いし》したことである。李自成軍《りじせいぐん》に内城を破られたことを知ると、宦官の王承恩《おうしょうおん》一人を連れてこの門をくぐり抜け、景山の海棠《かいどう》の木に首を吊《く》って自死したのである。毎年の重陽節に登ったときは、車駕《しゃが》に乗っての賑々《にぎにぎ》しい北門くぐりであったが、今度はわずか一人の死出《しで》のお供をつれてのことであった。

かくして、一三六八年以来二七七年続いた明朝は、滅んだのであった。

腹中之書——あとがき

晋の時代に、郭隆《かくりゅう》という人物がいた。

郭隆は、七月七日に腹を突き出して、仰向けになって寝ていた。人が、その訳を尋ねると、「今日は虫干しの日だから、わしの腹の中の書物を虫干ししているのだ。」と答えたという。

これは、『世説新語《せせつしんご》』に出てくる話である。この故事から、広い知識を持っていることを自慢する言葉となった。四字熟語を切り口にあれこれものを言えば、郭隆と同じ行為とみなされても仕方ないであろう。

したがって、極力「衒学趣味《げんがくしゅみ》」に堕ちぬように、努めてきたつもりである。

本書を構成する多くの部分は、出版社のＰＲ誌、学生向け雑誌、父兄向け雑誌、業界誌、商業誌などさまざまなところに書いたもの、ならびに筐底《きょうてい》に入れたままになっていた講演原稿である。

これらの原稿は、その性格上、いちいち典拠を示していないが、多くの文献のお世話になった。

ここであらためて御礼申し上げておきたい。

本来ならば、これらの雑文は、読み捨てられて、朽ち果てていく運命にある。

『後漢書』楊修《ようしゅう》伝に、「鶏肋《けいろく》」という言葉がある。鶏肋はニワトリのあばら、食うほどの肉はないが、捨てるには惜しい。このことから、大して役には立たないが、捨てるには惜しいものの譬えとして、しばしば使われている。どんなに些細な文章でも、書いた当人にとっては、愛着があり、まさに捨て難いものだ。

そこで、題名もテーマも、無論質も量も区々《まちまち》にばらついていた雑文を、四字熟語なる箍《たが》で締め直したのが、本書である。本書のスタイルに想到し、一書とするには、多くの加筆を必要としたが、それは、すでに試行錯誤の域を脱し、スタイルが決まってからのことであったから、楽しい作業であった。

楽しいことが、嬉しいことに変わった。それは、思いもかけず、「あじあブックス」の一冊として名を連ね、江湖《せけん》に送り出すことができることになったからである。それは、ひとえに大修館書店の玉木輝一・岡田耕二の両氏のお陰である。両氏への紹介の労を取って戴いたのは、畏友村田一夫氏（明徳販売編集企画室代表）である。また親友の岩本玲子氏（国書刊行会）と荷見守義（弘前大学専任講師）・岩渕慎（中央大学大学院後期課程）の両君には、これまでと同様に校正その他の助力を得た。

以上の諸氏に厚く感謝申し上げる次第である。

二〇〇二年二月

川越泰博

藍玉　24,45,46,87,88
李淵　144
李延年　73
李景隆　13,61
李自成　51
李如松　129,130
李成桂　46,87
李成梁　129,130
李白　27,188
劉希夷　188
劉瑾　81,83
劉若愚　80
劉秀　144
隆武帝（明唐王）　52
劉邦　144,168,197,198
劉予第　2
梁億　65,69
梁鴻　18
廖銘　64
廖鏞　64
呂敏　24
林旭　2
林高　56
楼璉　62,63,64

徳川家康　49
徳川綱吉　190
徳川（水戸）光圀　57,79
徳宗（清）　2
徳富蘇峰　2
徳冨蘆花　2
杜甫　27,31,149
伴野朗　48
豊臣秀吉　49,128

【な行】
南郷力丸　162
南浦文之　174
日本駄右衛門　162
ヌルハチ　128,129,130

【は行】
馬援　191
白楽天　71,147
林鵞峰　57
林春斎　56
林鳳岡　57
潘金蓮　23
万世徳　128
范蠡　71
万暦帝（明神宗）　8,18,130,131
火野葦平　33
馮京第　53
フォンタネイ（洪若翰）　96
夫差　70,71,146
武帝（漢）　7,73
傅友徳　85,86
文徴明　66
弁天小僧　162
方孝孺　60,61,62,63,64,65,66,67,
68,69
方克勤　69
包拯　117,118,119
北条時宗　120,121
方臘　11,15
保住　87

【ま行】
マグリ＝ハン　102
松本清張　28,29,31
松本隆晴　31
三上卓　189
三田村泰助　80
源義経　49
宮沢喜一　144
孟玉楼　23
孟子　160
毛沢東　158
森鷗外　31

【や行】
柳沢吉保　190
山鹿素行　57,159
山崎正信　56
耶律楚材　144
楊栄　20,21
楊鋭　2
楊貴妃　2,71,72,127,147,148
楊国忠　148
楊士奇　20
楊深秀　2
煬帝（隋）　145,149
楊溥　20
余堯臣　24

【ら行】
羅貫中　41

焦竑　15
荘司格一　180
東海林太郎　33
庄野潤三　5
諸葛孔明　41
徐禎卿　66
徐賁　24,25
徐有貞　66
心越　57
秦観　179,180
岑参　100
沈万三　22,23,24
崇禎帝（明）　51,205
杉田玄白　107
西施　70,71,127,146
西太后　2
正徳帝（明武宗）　29,30
盛庸　11
瀬川瑛子　101
宣統帝（清）　79
宋玉　187
宋克　24
宋之問　188
曹丕　127,144
蘇洵　179
蘇小妹　179
蘇東坡　178,179,181
孫文　155

【た行】
泰昌帝（明光宗）　18
太祖（宋趙匡胤）　7,181,182,183
太宗（唐李世民）　50,185,198
太宗（宋趙匡義）　183,185
竹下登　144
竹山道雄　26
忠信利平　162
田中義一　163,164
譚嗣同　2
近松門左衛門　52
張羽　24,25
張永　83
張海彭　87
張角　162
張学良　164,165
趙匡義　182,183
張玉　199
張玉書　1
張居正　130
張遇賢　11,15
張騫　101
張煌言　53
張作霖　163,164
張士誠　24,38,42
張時徹　123
張忠　30
チンギス＝ハーン　49
陳経済　23
陳元贇　57
陳舜臣　144
陳則　24
陳廷敬　1
陳友諒　38,40
鄭曉　8
鄭若曽　124
鄭成功　52,53
鄭和　84,85,87,88
唐寅　66
道衍　61,196
陶弘景　166,167
唐粛　24
徳川家光　51,56

魏忠賢　81,90
儀狄　176
木下順庵　57
木村弓　26
姜宸英　27,31
許泰　30
金城夫人　182
金忠　195,196,198,199
瞿宜穎　205
クビライ　121
クラウゼヴィッツ　194
慶成郡主　60
玄宗（唐）　7,71,72,147,148
元帝（漢）　3
建文帝　15,47,48,49,143,194
乾隆帝（清高宗）　8,97
胡惟庸　43
興旺　87,88
康熙帝（清聖祖）　1,7,96,202
高啓　24
康広仁　2
弘光帝（明福王）　52
孔子　4
光緒帝（清）　95
勾践　70,71,146
黄巣　150,151
黄宗羲　172
高遜志　24
江沢民　157
幸田露伴　48
黄禿蛮　87
江彬　30
洪武帝（明太祖）　7,29,32,59,87,144,194,202
河本大作　163
康有為　2
闔閭　70
呉均　204
谷王　13
谷大用　83
呉自牧　122
胡宗憲　169,175
小錦　142

【さ行】

西園寺公望　164
崔芝　53
佐藤信淵　111
サリムサク　102
薩爾図克長齢　102,105
山簡　177
子夏　4
ジハーンギール（張格爾）　102,104,105
司馬炎　144,145,146
司馬仲達　145
渋沢栄一　168
清水栄吉　180
志村良治　180
子游　4
祝允明　66,67,68,69
朱権　29,173
朱元璋　32,33,34,35,36,38,40,42,43,44,45,46,47,48,49,50,51,172,194
朱五四　32
朱舜水　57,172
朱宸濠　29,30,173
朱全忠　151,168
朱能　199
朱標　42
順帝（元）　42

人名索引

【あ行】

赤星重三　162
秋月鶴山（種茂）　107,108,109,110,111,112,113,114
秋月種美　106,107,108,109,113,114
秋月種美正室（春姫）　107,134,137
安倍晋太郎　144
晏嬰　139
安東省庵　57
安禄山　72,147,148,149
伊東静雄　5
隠元　57
允常　70
禹（夏王）　176
上杉顕孝　137
上杉謙信　109,134
上杉重定　135,136
上杉鷹山　106,107,108,109,111,112,113,114,133,134,135,136.137,138
上杉鷹山正室（幸姫）　133,135,136
上杉鷹山側室（お豊の方）　136,137,138
上杉鷹山祖母（瑞耀院）　134,135
英宗（明）　8,83
永楽帝（明太宗・成祖）　7,15,64,78,87,143
永暦帝（明桂王）　52
エセン　9
燕王　11,13,44,45,47,48,60,61,62,84,85,194,195,196,198,199
閻義　104
袁珙　195,196,198,199
袁珪　195,199
袁忠徹　195,199
王安石　101
王匡　162
王鞏　182
王景（後漢）　116
王景（明）　64
王行　21,22,23,24
王根　89
王承恩　51,205
王昭君　127
王振　81,83
王世貞　68
王直　169,173,174,175
汪直　83
翁同龢　95
王鳳（前漢）　89
王鳳（新）　162
王莽　162
王陽明　29,30,31,170,172,173
大岡越前守忠相　117
荻生徂徠　190
小沢治三郎　134
織田信長　49

【か行】

懐王（楚）　187,188,189
郭子興　36,37,38
郭紳　65
夏原吉　14,15
嘉靖帝（明世宗）　172
何愈　123
ガルシア・マルケス　134
河竹黙阿弥　162
韓龍　87
魏観　24

悲歌忼慨(ひかこうがい)　100
百毒之長(ひゃくどくのちょう)　183
百薬之長(ひゃくやくのちょう)　176
比翼連理(ひよくれんり)　133
腹中之書(ふくちゅうのしょ)　207
富国強兵(ふこくきょうへい)　71
巫山雲雨(ふざんうんう)　187,189
巫山之雨(ふざんのあめ)　187
巫山之雲(ふざんのくも)　187
巫山之夢(ふざんのゆめ)　187
夫唱婦随(ふしょうふずい)　133,138
米泉之精(べいせんのせい)　176
鳳資日章(ほうしにっしょう)　196,198
忘憂之物(ぼうゆうのもの)　176
北虜南倭(ほくりょなんわ)　130

【ま行】
無位無官(むいむかん)　166,167,168
無理難題(むりなんだい)　30

【や行】
幽遐嵬瑣(ゆうかかいさ)　66
悠々自適(ゆうゆうじてき)　107,166
薏苡之讒(よくいのざん)　191,192
薏苡之謗(よくいのそしり)　191,192
薏苡明珠(よくいめいしゅ)　191,192

【ら行】
龍顔天表(りゅうがんてんぴょう)　194,196,198
龍鳳之姿(りゅうほうのし)　198
梁上君子(りょうじょうくんし)　162
緑林豪客(りょくりんごうかく)　161
緑林好漢(りょくりんこうかん)　161
緑林豪傑(りょくりんごうけつ)　161
緑林白波(りょくりんはくは)　162
麟鳳亀龍(りんぽうきりゅう)　201
廉直無私(れんちょくむし)　119
連理之枝(れんりのえだ)　133
露往霜来(ろおうそうらい)　iii
魯魚亥豕(ろぎょがいし)　3
魯魚章草(ろぎょしょうそう)　3
魯魚帝虎(ろぎょていこ)　3
魯魚陶陰(ろぎょとういん)　3
魯魚之謬(ろぎょのあやまり)　3,4

公平無私(こうへいむし)　119
光禄池台(こうろくちだい)　89
呉越同舟(ごえつどうしゅう)　146
胡服胡語(こふくこご)　43
孤立無援(こりつむえん)　113

【さ行】
歳歳年年(さいさいねんねん)　188
山簡倒載(さんかんとうさい)　177
三豕己亥(さんしきがい)　3
三豕渡河(さんしとか)　3,4
山中宰相(さんちゅうのさいしょう)　167
試行錯誤(しこうさくご)　208
指呼之間(しこのかん)　60,128
史乗考語(しじょうこうご)　68
紫髯緑眼(しぜんりょくがん)　100,102
日月逾邁(じつげつゆまい)　iv
質朴恪勤(しつぼくかくきん)　185
欲炙之色(しゃをほっするのいろ)　120
自由奔放(じゆうほんぽう)　67
貞観之治(じょうがんのち)　185
掌故瑣記(しょうこさき)　68
霄壌之差(しょうじょうのさ)　89
支葉碩茂(しようせきも)　106,114
笑比河清(しょうひかせい)　115
人口膾炙(じんこうかいしゃ)　120,121
新陳代謝(しんちんたいしゃ)　193
旌旗巻舒(せいきけんじょ)　126,127
西施捧心(せいしほうしん)　70
清聖濁賢(せいせいだくけん)　176
清廉潔白(せいれんけっぱく)　20,119
絶世独立(ぜっせいどくりつ)　74
千客万来(せんきゃくばんらい)　147
千載一遇(せんざいいちぐう)　174
糟糠之妻(そうこうのつま)　44
相互扶助(そうごふじょ)　107
双宿双飛(そうしゅくそうひ)　133,138
草頭天子(そうとうてんし)　162
聡明怜悧(そうめいれいり)　85,88

【た行】
貪官汚吏(たんかんおり)　119
中原逐鹿(ちゅうげんちくろく)　144
昼夜兼行(ちゅうやけんこう)　72
朝雲暮雨(ちょううんぼう)　187
重瞳隆準(ちょうどうりゅうじゅん)　196,198
跳梁跋扈(ちょうりょうばっこ)　130,149
直立不動(ちょくりつふどう)　33
天淵之差(てんえんのさ)　89
天日之表(てんじつのひょう)　198
天之美禄(てんのびろく)　176
洞庭春色(どうていしゅんしょく)　176
徒手空拳(としゅくうけん)　49
兎走烏飛(とそううひ)　iii

【な行】
南橘北枳(なんきつほくき)　139,141
南征北伐(なんせいほくばつ)　42
南蛮鴃舌(なんばんげきぜつ)　158,160
日昃之労(にっしょくのろう)　184
年年歳歳(ねんねんさいさい)　188

【は行】
白衣宰相(はくいのさいしょう)　166,167
白衣三公(はくいのさんこう)　166,167,168,174
麦曲之英(ばくきょくのえい)　176
白馬之禍(はくばのわざわい)　151

四字熟語引用索引

【あ行】
已己巳己(いこみこ)　1
一網打尽(いちもうだじん)　43
一挙双擒(いっきょそうきん)　4
一顧傾国(いっこけいこく)　73,74
一顧傾城(いっこけいせい)　73,74
一瀉千里(いっしゃせんり)　42
一笑千金(いっしょうせんきん)　74
一世一元(いっせいいちげん)　7,8
一石二鳥(いっせきにちょう)　4,43
一知半解(いっちはんかい)　79
一帝一元(いっていちげん)　8
乙夜之覧(いつやのらん)　184
烏焉成馬(うえんせいば)　3
烏焉魯魚(うえんろぎょ)　3
烏兎怱々(うとそうそう)　iii
雲雨之夢(うんうのゆめ)　187
雲泥万里(うんでいばんり)　89
鴛鴦交頸(えんおうこうけい)　133
鴛鴦之偶(えんおうのぐう)　133
鴛鴦之契(えんおうのちぎり)　133
焉馬之誤(えんばのあやまり)　3
怏怏不楽(おうおうにしてたのしまず)　2

【か行】
会稽之恥(かいけいのはじ)　71
改弦易轍(かいげんえきてつ)　7,9
開元之治(かいげんのち)　73
膾炙人口(かいしゃじんこう)　120
偕老同穴(かいろうどうけつ)　133
華燭之典(かしょくのてん)　107
臥薪嘗胆(がしんしょうたん)　195
割地講和(かっちこうわ)　60
歌舞音曲(かぶおんぎょく)　76
画龍点睛(がりょうてんせい)　2
含英咀華(がんえいしょか)　iv
関関雎鳩(かんかんしょきゅう)　133
管窺蠡測(かんきれいそく)　iv
関雎之化(かんしょのか)　133
几案之才(きあんのさい)　17,21,24,25
鬼哭啾啾(きこくしゅうしゅう)　26,27,28
奇骨貫頂(きこつかんちょう)　32,36,38
杞人天憂(きじんてんゆう)　119
乞師乞資(きっしきっし)　51,53,54
儀狄之酒(ぎてきのさけ)　176
挙案斉眉(きょあんせいび)　17
局促不安(きょくそくふあん)　58,59,64
跼天蹐地(きょくてんせきち)　59
謹厳無比(きんげんむひ)　119
琴瑟相和(きんしつそうわ)　133,138
琴瑟調和(きんしつちょうわ)　133
琴瑟之好(きんしつのこう)　133
琴瑟之和(きんしつのわ)　133
琴瑟和同(きんしつわどう)　133
傾国傾城(けいこくけいせい)　73
傾国美人(けいこくびじん)　73
経史百家(けいしひゃっか)　23
傾城傾国(けいせいけいこく)　70,73,76
衒学趣味(げんがくしゅみ)　207
黄衣廩食(こういりんしょく)　78,79
光陰如箭(こういんやのごとし)　iii
光陰流転(こういんるてん)　iii
行雨朝雲(こううちょううん)　187
荒唐無稽(こうとうむけい)　43

[著者略歴]
川越泰博（かわごえ　やすひろ）
1946年、宮崎県日南市に生まれる。1976年、中央大学大学院文学研究科博士課程単位取得。現在、中央大学文学部教授（大学院併任）、博士（史学）。著書に、『中国典籍研究』（国書刊行会、1978年）、『北京小史』（国書刊行会、1982年）、『明代建文朝史の研究』（汲古書院、1997年）、『明代異国情報の研究』（汲古書院、1999年）、『明代中国の軍制と政治』（国書刊行会、2001年）、『明代中国の疑獄事件―藍玉の獄と連座の人々』（風響社、2002年）など。

〈あじあブックス〉
四字熟語歴史漫筆

初版第1刷――2002年6月10日

著者――川越泰博
発行者――鈴木一行
発行所――株式会社大修館書店
〒101-8466 東京都千代田区神田錦町3-24
電話 03-3295-6231（販売部）03-3294-2353（編集部）
振替 00190-7-40504
[出版情報] http://www.taishukan.co.jp

装丁者――下川雅敏
印刷所――壮光舎印刷
製本所――関山製本社

ISBN4-469-23181-9　Printed in Japan

アジアの言語・文化・歴史を見つめ直す

[あじあブックス]

001 **漢詩を作る** 石川忠久著 本体一六〇〇円

002 **朝鮮の物語** 野崎充彦著 本体一八〇〇円

003 **三星堆・中国古代文明の謎** ――史実としての『山海経』 徐朝龍著 本体一八〇〇円

006 **封神演義の世界** ――中国の戦う神々 二階堂善弘著 本体一六〇〇円

008 **マカオの歴史** ――南蛮の光と影 東光博英著 本体一六〇〇円

010 **近代中国の思索者たち** 佐藤慎一編 本体一八〇〇円

011 **漢方の歴史** ――中国・日本の伝統医学 小曽戸洋著 本体一六〇〇円

012 **ヤマト少数民族文化論** 工藤隆著 本体一八〇〇円

013 **道教をめぐる攻防** ――日本の君王、道士の法を崇めず 新川登亀男著 本体一八〇〇円

016 **米芾** ――宋代マルチタレントの実像 塘耕次著 本体一八〇〇円

019 **徳川吉宗と康煕帝** ――鎖国下での日中交流 大庭脩著 本体一九〇〇円

021 **中国学の歩み** ――二十世紀のシノロジー 山田利明著 本体一六〇〇円

022 **花と木の漢字学** 寺井泰明著 本体一八〇〇円

023 **星座で読み解く日本神話** 勝俣隆著 本体一九〇〇円

024 **中国幻想ものがたり** 井波律子著 本体一七〇〇円

025 **大小暦を読み解く** ――江戸の機知とユーモア 矢野憲一著 本体一七〇〇円

026 **アジアの仮面** ――神々と人間のあいだ 廣田律子編 本体一九〇〇円

027 **山の民 水辺の神々** ――六朝小説にもとづく民族誌 大林太良著 本体一四〇〇円

028 **道教の経典を読む** 増尾伸一郎・丸山宏編 本体一八〇〇円

030 **漢詩の鑑賞と吟詠** 志賀一朗著 本体一九〇〇円

031 **毒薬は口に苦し** ――中国の文人と不老不死 川原秀城著 本体一九〇〇円

033 文物鑑定家が語る **中国書画の世界** 史樹青著 大野修作訳 本体一八〇〇円

034 **風水と身体** ――中国古代のエコロジー 加納喜光著 本体一六〇〇円

035 **中国科学幻想文学館(上)** 武田雅哉・林久之著 本体一八〇〇円

036 **中国科学幻想文学館(下)** 武田雅哉・林久之著 本体一八〇〇円

037 **六朝詩人群像** 興膳宏編 本体一七〇〇円

039 **唐詩物語** ――名詩誕生の虚と実と 植木久行著 本体一八〇〇円

2002年5月現在